華東師範大學圖書館藏珍稀文獻叢刊

吳翌鳳字學九辨稿鈔本

上

【清】吴翌鳳◎著

華東師範大學出版社

圖書在版編目（CIP）數據

吴翌鳳《字學九辨》稿鈔本 /（清）吴翌鳳著.
—上海：華東師範大學出版社，2020
（華東師範大學圖書館藏珍稀文獻叢刊）
ISBN 978-7-5760-0865-4

Ⅰ.①吴… Ⅱ.①吴… Ⅲ.①漢字－文字學－研究－中國－清代 Ⅳ.①H12

中國版本圖書館 CIP 數據核字（2020）第 186137 號

吴翌鳳《字學九辨》稿鈔本

原　　著　［清］吴翌鳳
責任編輯　時潤民
責任校對　吕振宇
裝幀設計　盧曉紅
封面題簽　虞萬里

出版發行　華東師範大學出版社
社　　址　上海市中山北路 3663 号　郵編 200062
網　　址　www.ecnupress.com.cn
電　　話　021-60821666　行政傳真　021-62572105
客服電話　021-62865537　门市（郵購）電話　021-62869887
地　　址　上海市中山北路 3663 號華東師範大學校内先鋒路口
網　　店　http://hdsdcbs.tmall.com

印 刷 者　上海昌鑫龍印務有限公司
開　　本　890 × 1240　16 開
印　　張　36
版　　次　2020 年 10 月第一版
印　　次　2020 年 10 月第一次
書　　號　ISBN 978-7-5760-0865-4
定　　價　148.00 元（上下册）

出 版 人　王　焰

華東師範大學圖書館藏
珍稀文獻叢刊

目録

吴翌鳳《字學九辨》稿鈔本

《華東師範大學圖書館藏珍稀文獻叢刊》出版説明

稿鈔本的特有價值，向爲學界稱道，原因不外以下幾點：其一，許多稿鈔本未曾刻印流傳，且多已亡佚，能保存下來者實屬不易，尤顯珍貴。未經傳寫、刻印的稿本，因其唯一性而具有不可替代的学术資料价值和文物收藏价值；其二，即使有刻本傳播，初稿本、修改稿本、謄清稿本等均與作者大有關繫，具有超出刻本的額外價值，對於成書經過、作者心路歷程等的揭示更加生動。同時，稿鈔本与刻印本在内容方面亦可互为补正，對於校勘不慎或經過刪改的翻刻本而言，傳鈔本的價值或許更大；其三，尤其名家稿鈔本、名家鈔校或收藏的稿本、鈔本，還有顯著的文物價值和藝術價值。陳先行先生曾説，清代以前的藏書目録中幾乎没有稿本的著録，而在書畫目録中卻有早至元代以前的手稿，説明當時人們注重的是名家的書法（事實的確如此，現今亦然）。明代中後期至清代，除翻刻之外，藏書家、學問家爭相傳鈔日見稀少的宋元舊本成爲了一種時尚，甚至鈔本還成了有些翻刻書所依據的底本，《中國古籍善本書目》著録古籍凡五萬六千餘部，其中明清時期爲主的鈔本即達一萬七千餘部，接近總數的三分之一。

稿鈔本的發掘整理，具有再造之功，向來備受收藏機構和業界學人的重視，一直都在古籍影印出版中占據重要位置，二十世紀初商務印書館編輯《涵芬樓秘笈》、《四部叢刊》等大型叢書，即選印部分珍稀稿本。近數十年來，《清代稿本百種彙刊》（一九七四）、《明清未刊稿彙編》（一九七六）、《北京大學圖書館藏稿本叢書》（一九八七）、《上海圖書館未刊古籍稿本》（二〇〇八）、《北京師範大學圖書館藏稿抄本叢刊》（二〇一一）、《近代史所藏清代名人稿本抄本》（二〇一一、二〇一四、二〇一七）等相繼出版，成果斐然，而蔚爲大觀者當屬桑兵先生主編之《清代稿鈔本》（二〇〇七—二〇一七），該系列叢書精選廣東省立中山圖書館、中山大學圖書館藏的清代稿本、鈔本、孤本等珍稀文獻，目前已影印分輯出版八編，煌煌四百巨册。從史料的角度講，未加刻印流傳的日記和信札作爲稿鈔本文獻中最特別的一類，是較早受到學界關注而納入整理出版規劃的，已經存在相當數量的成果，上述叢書中多有不同程度的選收呈現，而《國家圖書館藏抄稿本日記選編》（二〇一五）和《上海圖書館藏稿鈔本日記叢刊》（二〇一七）就更具針對性了。

華東師範大學圖書館收藏稿鈔本約有百五十種以上，經史子集兼備，史部略多於其他，時間上集中在清代康熙、乾隆朝以後。鈔本爲主，稿本則不足三分之一。其中大多数未見刻印傳世，亦不見其他公私機構有藏，而雖經刊刻者，或仍爲稀見珍本，或内容方面互異處甚多，書目、族譜、年譜、遊記、學記、信札、奏議、詩文集等，門類齊全，版本價值與文獻價值自不可小覷，史料價值亦毋庸置疑。如清前期稿本《蘇州竹枝詞》、《周易採芳集》，翁方綱《石鼓考》謄清稿本，李鴻章、林則徐、俞樾等名家手稿，廬江何氏鈔本《章實齋文史通義》，徐乃昌積學齋善本目録、藏詞目録，等等，精品良多，不一而足。

今爲系統梳理并高倣還原深閣之珍，以期傳播文化，嘉惠學林，特編輯出版此《叢刊》。《叢刊》以詳盡調查、反復論證爲基礎，旨在網羅本館收藏稿鈔本中最富價值的版本，所選版本以存世稀罕、内容重要、形制完整、鈔寫精善爲收録原則，亦兼及部分珍稀刻本，採用倣真影印方式呈現古籍原本面貌。每种古籍並附説明文字，略加紹介考辨，以便讀者瞭解使用。

華東師範大學圖書館

吴翌鳳與《字學九辨》

王幼敏

《字學九辨》是清人吴翌鳳的一本考辨性著作，世人多以爲已經亡佚，而其書在華東師範大學圖書館的書架上，也多年一直養在深閨人未識，部分原因可能是由於作者在當今不甚著名，幾乎已湮没在歷史的塵埃中。所以在介紹這本著作前，需要先説説其作者吴翌鳳。

吴翌鳳是清乾嘉時期的一位著名藏書家、詩人和學者，與黄丕烈、吴騫、鮑廷博、盧文弨等人同時，畢生從事保存整理文獻典籍，以抄書多、校書精、書法秀逸著稱。他貧而嗜書，靠節衣縮食、借書抄録，聚藏書籍達一萬二千餘卷，贏得當時大藏書家們的一致贊佩。經他抄校過的書在當時就成爲藏書家們爭相收藏的善本，而其流傳至今的鈔本、校本、稿本在現在各大圖書館都被作爲一級或二級品珍藏。吴氏工詩詞，擅書畫，通金石，曉音律，學養豐富，多才多藝，在當時聲名著於士林。與他交往的朋友，上自名宦公卿，下至布衣才子，甚至還有僧人，俱是當時名流，留有姓氏事蹟可考者不下數百人。他一生編輯、著述的著作有三十餘種，三百餘卷，流傳下來的詩詞有一千餘首。這樣一位名士，在他死後却幾至名氏翳如，而實際上吴氏應在中國藏書史和版本目録學史上佔有相當的地位，在中國文學史的詞史上也應有一席之地。所幸近年來在這兩方面已有一些相應的著作出版，現在又有《字學九辨》的影印出版，將開啓對吴翌鳳考據學成就的研究。

一、吴翌鳳生平概述

吴翌鳳，初名鳳鳴，字伊仲，號枚庵，又號漫士、枚庵漫士、古歡堂主人等。諸生，江蘇吴縣人。生於乾隆七年（一七四二），卒於嘉慶二十四年（一八一九）。吴氏出身於文化世家，祖籍安徽休甯商山。先祖吴儆，南宋高宗時官至廣西安撫使，以詩文知名，與朱熹、陳亮等遊，人稱「竹洲先生」。吴儆後十一世遷吴地，遂著吴籍。吴翌鳳之父吴坤，亦好讀書，能言詩，善交遊，以擅畫著名。

吴翌鳳少小聰穎過人，讀書一目十行，其才學得到杭世駿、沈德潛贊賞。乾隆三十一年（一七六六），他在歲試中考中秀才，入吴縣縣學。

自此，吴翌鳳一生可分爲三個重要時期：

（一）寓居東齋時期

從乾隆三十三年（一七六八）至乾隆五十二年（一七八七），吴翌鳳寓居陶家東齋，以教書爲業，生活比較安定。陶家藏書頗豐，使他得以「寢饋書史積二十年」，獲益匪淺。他先後結識了陳元基、馬森、余蕭客等詩人、學者，同他們切磋唱和，同時開始了抄書、校書、藏書、著書活動，並數度出遊江浙各地，與江浙一帶的大藏書家建立了頻繁的聯繫。

（二）遠遊時期

乾隆五十年（一七八五），吴中發生饑荒，吴翌鳳的家境每況愈下。迫於生活困頓，又感於湖北巡撫姜晟的誠意，他在乾隆五十二年（一七八七）八月末接受姜氏的邀請，自吴縣乘舟赴鄂，從此開始了長達二十七年的遠遊生活。二十七年間，吴氏先後在姜晟、吴省蘭、陳淮的幕府中任西席，其涉歷之地遍及今天的江蘇、安徽、湖北、湖南、江西、河南六省。嘉慶元年（一七九六），吴氏在瀏陽掌教南臺書院，其後便長期客居瀏陽和長沙。此次遠遊，吴氏足蹟遍及楚豫之地，手自完成《國朝詩》、《燈窗叢録》、《遜志堂雜鈔》、《與稽齋叢稿》四部著述。

（三）返歸故里時期

嘉慶十八年（一八一三），吴翌鳳已年逾古稀，終於結束了顛沛流離的浪遊生涯，回到故鄉。在垂老之年，吴翌鳳不憚辛勞，抄書藏書，並陸續整理刊行了自己五十多年來所積累的一系列著作。

嘉慶二十四年（一八一九）夏天，吴翌鳳由中暑而併發瘧疾，於當年七月初三日逝世，終年七十八歲。

吴翌鳳自小家境貧寒，然嗜書成癖。當其略曉文義之時，即搜羅殘編斷簡藏諸木櫃，稍長就減衣縮食購書，好不容易儲滿一櫃。十四歲時，吴中饑荒，無奈忍痛賣書，換米度日。饑荒過後，吴氏又稍有收藏，不幸在其十八歲時，竊賊光顧，遂至「案無一書」。吴翌鳳寓居陶家時，生活狀況略有好轉。他在乾隆三十三年（一七六八），與同志創買書之會，開始大規模購藏書籍，當無力多購善本時，就發憤借書自抄。到他遠遊之前，他的藏書已達一萬二千餘卷，其中有數千卷是他二十年間日以繼夜一字一字抄出來的，並編成了藏書目録《古歡堂經籍略》第一集。這一時期是他購書、抄書、校書活動大規模發展的時期。乾隆五十二年（一七八七），吴氏出遊時曾托友人保管此萬餘卷圖書，自己「僅攜零星鈔本數十卷以行」，然而他所托非良，在他出遊第四年，其藏書即開始被親友「斥賣」，及至歸來，萬卷藏書已蕩然無存。面對這種局面，吴翌鳳表現出了藏書家堅韌不拔的毅力，以耄耋之年開始第四次積聚圖書。他與黄丕烈、朱奂、吴騫、鮑廷博、陳鱣等人恢復了通書之約，又開始互相借抄書籍。潘曾沂説他「老見異書，雖病必强起，殫力抄寫，夜盡一燭爲率，精緻完整，冠諸收書家」。經過鍥而不捨的努力，吴翌鳳終於又有了可觀的藏書。

吴翌鳳傾畢生心血於藏書，對書愛惜非常，然而他對藏書持開明態度，並不像一般藏書家那樣「秘不示人」，而是「廣爲流通」。早在遠遊期間，他就將隨身所帶藏書借給朋友王根石、葉桐封、趙純齋傳抄。他對自己身後的藏書處理，更完全摒棄了一般藏書家只傳子孫的陳規，主張藏書要傳能讀之人，他説：「吾後人能讀則寶之，如不能讀，又不能守，則傳諸好事，毋落賈人之手。」這種豁達靈活的態度，比諸「代不分書」的思想要高明許多，更能使書籍發揮應有的作用，可以稱得上是後來捐獻圖書的思想萌芽，在中國藏書史上有進步的思想意義。

二、保存整理文獻

吴翌鳳的聲名在當時與吴騫、黄丕烈不相上下，這是與他在保存整理文獻方面的成就分不開的。與吴、黄有所不同的是，他不但注重古籍善本的收藏，而且特别留心於清朝當代文獻和吴中鄉邦文獻的整理。後人往往推重吴氏的抄校古書，其實吴氏在保存整理文獻方面的成就是多方面的，方法也是多種多樣的。

（一）抄校

吴翌鳳抄書校書在當時享有盛名，當時的大藏書家對吴氏抄校的書給予高度評價，視之爲珍本，以獲得爲幸事。陳鱣説：「曾經吴中吴伊仲手校者，頗爲精詳。」鮑廷博想用元刻本《道園遺稿》向黄丕烈换回自己舊藏錢磬室鈔本《遊志續編》而不可得，當他得到吴氏手抄本後竟「喜過望望，如獲瑰寶，舊本不復置念矣」。吴氏抄書不但字蹟工整，校訂無訛，而且又獨具隻眼，抄録和補全了許多「異書」，「多藏書家未見者」。當時的許多大藏書家也常向他借書抄録和請教書籍方面的問題，吴騫曾向他借抄過《周易經義》和《元豐九域志》，黄丕烈曾向他請教過有關《桂林風土記》鈔本的問題。這些都足以體現出吴翌鳳的學問精深及其在保存、整理、流布中國古籍善本方面的貢獻。

吴氏抄校書籍的數量達到幾千卷，但存留至今的却爲數甚少，彌足珍貴，在各大圖書館裏都被當作一級或二級館藏品予以保護收藏，輕易不能見到。筆者曾特爲編制了《吴翌鳳抄校、題跋、稿本知見録》發表在《古籍整理研究學刊》二〇一二年第三期上，向同道提供吴氏曾經對哪些書進行過抄、校、跋的信息，以便今後能留意搜尋。

（二）選編

吴翌鳳將古人或前人的詩文作品加以甄選，編次成集，計有：《古詩録》、《樂府選》、《唐詩選》、《宋金元詩删》、《宋金元詩選》、《明詩選》、《國朝詩》、《國朝詞選》、《敬業堂詩集》、《國朝文徵》、《吾與彙編》，共十一種一百十七卷。今存八種，《古詩録》、《樂府選》、《明詩選》未見。存書中《國朝詩》十七卷爲清同治壬申（一八七二）新陽趙氏刻本，以前曾誤爲民國壬申（一九三二）刊本，共收清代六百二十七人詩，重點收「治熙之代」具有古風韻的作品。《國朝文徵》四十卷，收録自順治至嘉慶近二百年間二百多人的文章，《皇朝經世文編》曾采入該書選文幾十篇。《吾與彙編》十卷，收録吴縣吾與庵僧人澄谷大師數十年積存的友人詩文。各書均有刻本。而《國朝詞選》、《敬業堂詩集》，以前諸種文獻均未提到過。

（三）輯集

吴翌鳳搜輯同時代交遊之人的詩作，編次成集，有下列三種。

《懷舊集》現存十八卷本、二十卷本和二十一卷本，《印須集》現存二十一卷本，二書保存了很多與吴翌鳳同時或同里人的作品，爲研究清代文學和吴中鄉邦文獻留下了有用的資料。另有《苔芩詩選》八册，今未見。

（四）箋注

《吴梅村詩集箋注》十八卷。吴翌鳳不惜用五十多年的精力爲吴梅村詩考訂作注，此書是吴氏傳世著作中的代表作。另有《梅村詞抄箋注》鈔本一册，以前諸種歷史文獻和書目均未提及，知之者甚少。

（五）編目

現能看到的只有《古歡堂經籍舉要》一卷，是一本解題式目録。著録吴翌鳳家藏經部書一百三十八種，一千三百二十三卷，有不少是宋版、鈔本等善本書，於民國二十九年（一九四〇）付印，收入《庚辰叢編》。

（六）叢書

吴翌鳳還編過叢書，據前人説有《秘册匯叢》、《學海叢編》、《秘籍叢函》、《古香樓匯叢》等十餘部，今均不見，現存只有吴氏抄本《經史秘匯六種》六卷，二册，係醫類書。

（七）輯補

吴翌鳳也做過輯佚補遺工作，現存吴氏抄録輯補《渚宫舊事》一册五卷、《補遺》一卷。

（八）劄記

梁啓超《清代學術概論》中論及清代學者治學方法時曾説：「大抵當時好學之士，每人必置一『劄記册子』，每讀書有心得則記焉……推原劄記之性質，本非著書，不過儲著書之資料，然清儒最戒輕率著書，非得有極滿意之資料，不肯泐爲定本，故往往有終其身在預備資料中者……而欲知清儒治學次第及其得力處，固當於此求之。」這種劄記，所録品類蕪雜，又可稱爲雜著。吴翌鳳未能自創新的治學方法，亦著有雜著，現能見到三部：《東齋脞語》、《燈窗叢録》、《遜志堂雜鈔》。其中保存有大量從古書中摘抄的文獻資料，又有許多吴氏自述見聞和讀書心得。其書雖類纂輯而成，實則研討辨證，用心邃密，並不遜於著述，足爲今人考證經史、增廣見聞之助。

三、吴翌鳳著述

（一）詩文創作

吴翌鳳當時以詩古文聞名於時，其詩文創作很多，現僅存詩詞集《與稽齋叢稿》（以下簡稱《叢稿》）。《叢稿》輯成於吴氏流寓長沙、瀏陽之時，乃集吴氏詩文創作之大成者，可惜其中文集部分全部亡佚（然幸有蘭坡先生《國朝古文匯鈔》二集收入吴氏文章十六篇，使我們得以略窺一斑），僅剩詩詞部分。有稿本和刻本兩種，稿本二十卷，計詩十六卷，詞四卷；刻本十八卷，計詩十六卷，詞二卷。稿本收詩一〇二五首，詞一六九闋；刻本收詩九四一首，詞一四一闋。《叢稿》收吴氏自乾隆三十一年（一七六六）至嘉慶十五年（一八一〇）所作詩詞，歷時四十五年，其中乾隆四十年至乾隆四十五年無詩，實爲三十九年。從中可以尋覓到吴氏一生中最重要時期的蹤蹟，是考訂吴氏生平最有價值的資料。

《蘇州府志》稱吴翌鳳「於學無所不窺，而尤長於詩」。吴翌鳳青年時即有詩名，同鄉大詩人沈德潛對其大加詩贊，時人説起吴氏也曰抄書、賦詩並重，評爲「以抄書賦詩名世」。他與許多吴中詩人都是朋友，共結詩社，其中有頗負文名者，如沈起鳳、戴延年等。

乾嘉時期，蘇州地區詩詞創作活躍，出現了以「吴中七子」、「後吴中七子」等爲代表的大批有名詩人和詞人，吴翌鳳與七子中多人爲友，也是代表人物之一。此一時期有詞名者，還有吴氏的朋友林蕃鍾、沈起鳳、施源、沈清瑞，其中又以林蕃鍾成就最高，入選蘇州詞人孫麟趾所刻《清七家詞選》，與厲鶚、吴錫麒、周之琦等人齊名。有論者指出，他們的成就遠不及同入《清七家詞選》的吴翌鳳和郭麐，於此可見吴氏填詞的實力。

吴氏《叢稿》中的詞作又以《曼香詞》之名著稱，被收入清乾嘉間王昶所編《國朝詞綜》。近人陳乃乾收輯清代一百種詞集而成《清名家詞》十卷，吴氏《曼香詞》也赫然在列。

吴氏另有《紅沐詞》七首被選入乾隆年間蔣重光編選的《昭代詞選》，《國朝詞選》也收有吴氏詞十六首，説明時人對吴翌鳳作詞成就的承認和肯定，吴氏在清代詞壇佔有一席之地是無可置疑的。

（二）學術著述

蘇州地區自古人傑地靈，學術繁榮，至清乾嘉時期，更成爲乾嘉學派中「吴派」之淵藪。「吴派」衆學者中以蘇州人惠棟爲首領，吴翌鳳與惠棟弟子同鄉學者余蕭客、江聲等爲好友，吴派學者王鳴盛、孫星衍、江藩、朱駿聲等也與之遊，吴氏濡染風氣，亦好考據之學。

吴翌鳳知識淵博，在學術上具有獨到見解，其學術性著述共有九種，主要是考辨性著作。除《歷代帝王統系考》和《字學九辨》外，其餘《漢書考證》、《姓氏源流》、《歧音備覽》、《今韻酌古》、《周禮瑣言》、《金石略》、《史記論文》七種今皆亡佚不見。

《漢書考證》十六卷當是吴氏考史的力作，其在《遜志堂雜鈔》戊集中曾言及。梁啓超在《中國近三百年學術史》中論及清代史學成就時也提到過此書，同時注明「未見」，可知此書在清末民初或已佚失，但也可見此書的成就及地位。

《歷代帝王統系考》未有刻本，現存稿本八卷，四册。該書考述自上古至晚明歷代中國帝王的統系，可以説是一部以帝王世系爲綱的「中國通史」。

《字學九辨》詳下節。

四、《字學九辨》

《字學九辨》九卷，係吴翌鳳文字學專著。吴氏在《遜志堂雜鈔》己集中論及錯別字時曾提到《字學八辨》：「《周官》保氏掌養國子，教之六書。漢制太史試學童，能諷九千字已上，乃得爲吏。吏民上書，字或不正，輒舉劾，古之重小學如此。降自後世，俗書破體，往往而是，雖名公巨卿亦隨流揚波，卒未有訂其訛者。余嘗欲創爲一書，稍稍釐正之，名曰《字學八辨》，一辨體，二辨音，三辨通，四辨借，五辨同，六辨變，七辨誤，八辨俗。惜頻年奔走南北，有志未逮也。」此應即吴氏著《字學九辨》之緣起，而今所見《字學九辨》一書，與《字學八辨》當是同一種，只是前者存有之「辨異」一册爲上述記述中所無。

今存《字學九辨》鈔本殘本二册，第一册爲「辨通」二卷，第二册爲「辨異」二卷（中含標作「辨同」之二頁）。另有「辨原」殘頁半頁，餘皆未見。讀書中内容，第一册「辨通一」、「辨通二」，皆辨通假之意，吴氏在《字學辨通》之首云：「古書每多通用，或以音近而通，或以義近而通……」第二册「辨異一」、「辨異二」，則皆辨别字的細微差别，吴氏在《字學辨異》之首云：「有同必有異，字有異，猶路之有歧也……」

細觀此二册書，其裝訂題款有費解之處。館藏目録著録爲「（清）吴翌鳳撰」，而書内却題「吴郡吴翌鳳詮次」。鈔本第一册首頁題：「辨通弟壹之一　字學九辨卷之壹　吴郡吴翌鳳詮次」，頁左側折縫有「九辨九」、「辨通一」字樣，從第一至第六十一頁均爲「辨通一」；而同一册的後半册首頁題：「辨通弟五之二　字學九辨卷之十一　吴郡吴翌鳳詮次」，頁左側折縫有「九辨十」、「辨通二」字樣，從第一至第九十四頁均爲「辨通二」。何爲「弟壹之一」、「弟五之二」，殊爲不解，且辨通一爲「卷之壹」，辨通二爲「卷之十一」，卷數相差懸殊。而第二册的編次就順得多，其首頁題：「辨異弟四之一　字學九辨卷之七　吴郡吴翌鳳詮次」，頁左側折縫有「九辨七」、「辨異一」字樣，從第一至第五十八頁均爲「辨異一」；同一册後半册首頁題「辨異弟四之二　字學九辨卷之八　吴郡吴翌鳳詮次」，頁左側折縫有「九辨八」、「辨異二」字樣，從第一至第六十六頁均爲「辨異二」。這些書上題署的卷次等令人懷疑《字學九辨》不止九卷。另外，前述「辨原」半頁殘頁是筆者意外發現夾在書内的，題爲「辨原弟一　字學九辨卷之一　吴郡吴翌鳳詮次」，内容爲辨字之偏旁部首之原本。而在《遜志堂雜鈔》所説的《字學八辨》中，不但没有「辨異」，也没有「辨原」，難道還有第十辨不成？所以《字學九辨》到底是哪九辨，目前看來還是一個謎團，恐非簡單地在《遜志堂雜鈔》所記之「八辨」外再加一個「辨異」即可，否則如何解釋「辨原」呢？深入下去，《字學八辨》與《字學九辨》是不是同一種書或也要引起疑問了。因筆者覺得這是一個問題，特備述在此，存疑待考。

《字學九辨》塵封已久，筆者撰寫研究吴翌鳳的碩士論文時，偶然在華東師範大學圖書館裏見到這本書，引起注意，故將它作爲吴氏遺存書目之一寫進論文裏。二〇〇七年在撰寫《吴翌鳳研究——乾嘉姑蘇學界考略》一書時，再次調閲此書，在拙著中作了較前更詳細的介紹。然而因爲拙著主題不是文字學，故未對此書内容進行深入研究，僅著重對其版本題款作了考訂描述，這當然是遠遠不够的，尚待有志後學作進一步探討。

目前館藏信息將《字學九辨》著録爲「鈔本」，而筆者在撰寫碩士論文時認爲它是吴氏稿本。後因撰寫《吴翌鳳研究》，查閲資料更多，寓目吴氏手蹟也愈多，越發覺得《字學九辨》鈔本之筆蹟與所見其他吴氏抄校稿本手蹟相似。如確係稿本，則其版本價值與文獻價值自然更高。究竟此本是鈔本還是稿本，應還有探討之必要，宜請書法、版本學界的專家作進一步鑒定。

吴翌鳳《字學九辨》稿鈔本的影印出版，無疑是件大好之事，既有利於保存古典文獻，也有利於學者開展研究。蒙華東師範大學圖書館館長胡曉明教授不棄，特囑爲文介紹，遂率綴數語，聊以志賀。

二〇二〇年八月三十日於名古屋

吴翌鳳《字學九辨》稿鈔本

《字學辨原》殘頁

字學九辨卷之一

吳郡 吳 翌鳳 詮次

辨原第一

事必有始原者始也漢許叔重著說文爰立偏旁五百四十部餘文八千八百一十有三皆从此孳生焉此五百四十部者乃字之原也自變篆隸㠯後遞加隸變爲楷愈失本眞而許氏據形系聯之旨蕩矣今仍許氏建首始一終亥之敍著於篇而附焉作辨原

始于一故建首㠯一爲耑天元不吏等字與今文同从一之字寸變作寸譌从點

一

《字學辨通》

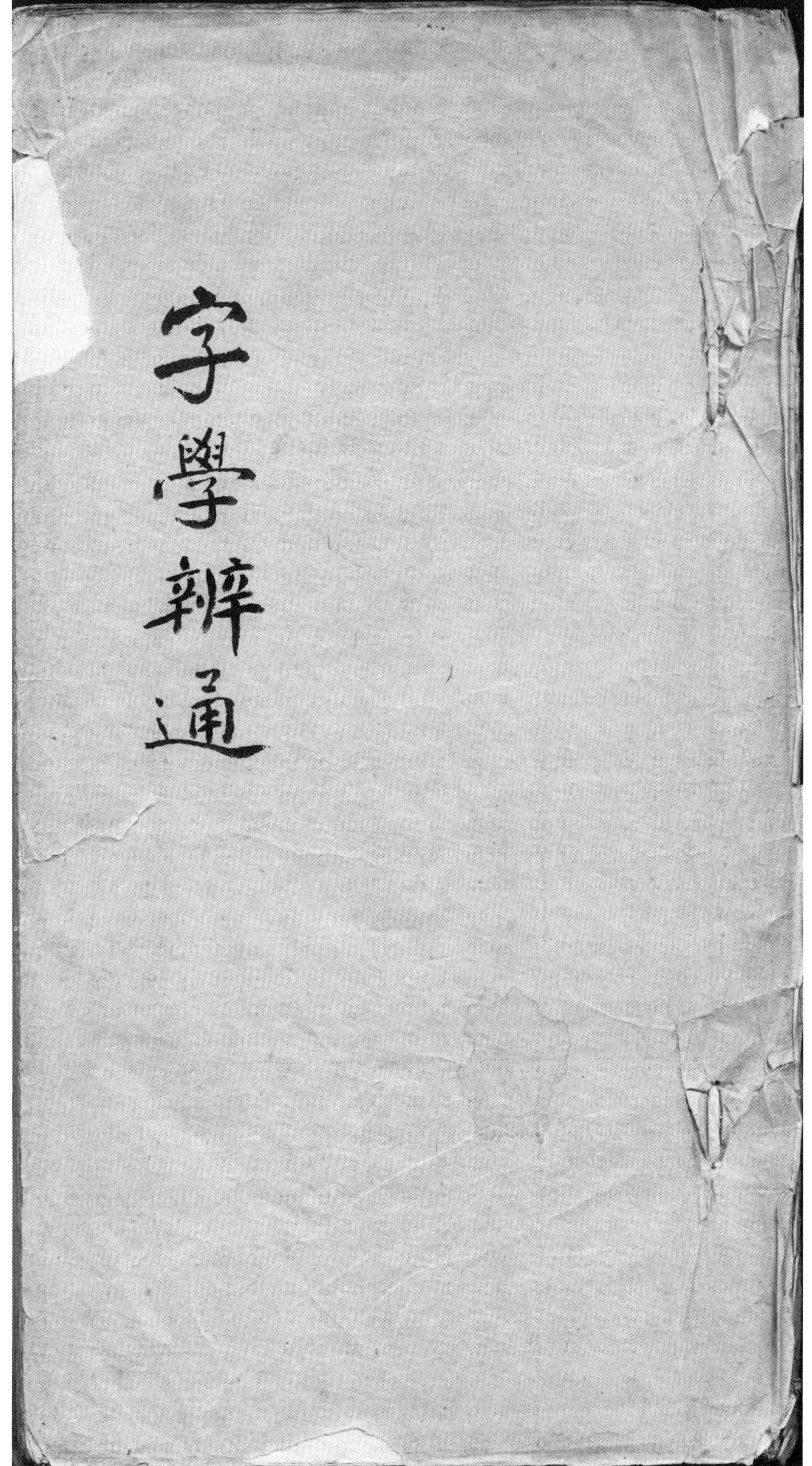
字學辨通

字學九辨卷之壹

吳郡吳翌鳳詮次

辨通第壹之一

古書每多通用或以音近而通或以義近而通陸德明經典釋文所云本亦作某者大半皆通字耳通即借也漢隸尤多不敢盡信取其與四部合者著于篇作辨通

上平聲

同桐 兹徒紅切同合也桐木名○爾雅釋地北戴斗極為空桐注一作空同莊子司馬彪注空同者當北

丹下山也史記五帝紀西至于空桐注空桐山名

在隴右漢書武帝紀踰嶺至空同唐書地理志又

作崆峒从山後人所加

同童竝徒紅切同見前童幼也○列子黄帝篇狀與我

童者近而愛之狀與我異者疏而畏之張湛注童

同也此乃借字

童重吾上徒紅切見前中直隴切輕之對也下五乎切

我也○禮檀弓與其鄰重汪踦往皆死焉注重當

爲童或曰童重古通用攷漢碑以偅爲僮以董爲

種童 上[illegible][illegible]切[illegible]種[illegible][illegible]曰[illegible] 下[illegible]切 ○詩[illegible]以[illegible]穆童種重[illegible] [illegible]種

○夜中 [illegible][illegible]手也[illegible]書[illegible][illegible]詩[illegible][illegible] [illegible]文[illegible][illegible][illegible][illegible]中[illegible][illegible][illegible]

董以勳爲動相承亦已久矣亦借作吾管子海王篇吾子食鹽二升少半注吾子謂少男小女也正字通曰古本管子作童子

中仲 上陟弓切中央下直衆切次也○洪适隸釋曰華山廟碑以宣帝爲仲宗蓋借仲爲中帝者廟號而借以伦字不恭孰甚焉又孫根碑五行星仲廿八舍柳宿之精亦借仲爲中案仲古但作中去聲讀而以仲爲中則是借字

中忠 上陟弓切中見前忠盡心無私之謂○書仲虺之

語達中于民陸氏釋文云中本亦作忠漢橫海將
軍碑君以中勇顯名帝以中爲忠二字古益通用

爞蟲 丛直弓切爾雅釋詁爞爞熏也又釋蟲有足曰蟲
無足曰豸○詩小雅藴隆蟲蟲爞省作蟲

翀沖 丛直弓切翀直上飛也沖和也○史記滑稽傳一
飛沖天沖與翀通

嵩崇 上息弓切山名下鉏弓切高也○嵩中岳嵩高山
也周語昔夏之興也融降于崇山此乃借字周伯
琦六書正譌直以嵩當作崇誤矣案說文崇字在

新附字中徐鉉引韋昭國語注云古通用崇字非

融彤陽 茲以戎切融和也彤祭名○張衡思玄賦展洩洩以（文選考異云阻叩陽外陽一作融是否陽而融又）彤彤借彤爲融 不借作陽

功公茲古紅切功勞績也自營爲私背私爲公○詩小雅以奏膚公傳云公功也漢樊安碑以公德加位特進洪适曰以公德爲功德古通用字

功紅上古紅切下戶公切色也○大功小功喪服名謂治布有精麤之分借作紅史記文帝紀服大紅十五日小紅十四日服虔曰當言大功小功又漢書

卅辨卅

景帝紀錦繡纂組害女紅者也酈食其傳紅女下

機竝以紅爲功

工公 竝古紅切工官也匠也公見前○左傳陳敬仲至

齊爲工正掌百工之官漢陳球碑作公正蓋是借

字

洪鴻 竝户公切洪洚水又大也鴻鴻雁○史記河渠書

禹抑鴻水漢書揚雄傳鴻生鉅儒竝與洪通

訌虹 竝户公切訌潰也虹螮蝀也○詩小雅實虹小子

傳云虹潰亂也虹与訌通

通桐 上它紅切達也下徒紅切見前○漢書樂志安世房中歌桐生茂豫師古曰桐讀曰通言艸木通達而生也

農由 上奴冬切耕田之甿下以周切從也○楊慎丹鉛總錄曰由與農通呂氏春秋管子歷紀皆云堯使后稷爲大由錢譜神農幣文農亦作由案農與由音義俱非當是借字

鐘鍾 並職容切○張參五經文字曰鐘樂器鍾量名今經典或通用鍾爲樂器攷周禮凡黃鍾林鍾應鍾

皆从重考工記鳧氏爲鍾亦从重不从童惟鍾字
多義鍾只一義鍾可通鍾鍾不可通鍾也

墉庸 竝餘封切墉城垣也庸常也○詩大雅因是謝人
以作爾庸注云庸城也禮王制附於諸侯曰附庸
注云附庸小城也竝與墉通

傭庸 竝餘封切傭受雇也庸見前○漢書欒布傳窮困
賣庸于齊師師古曰謂庸作受雇也司馬相如傳
與傭保雜作後漢書夏馥傳變姓爲冶家庸竝與
傭通

鏞庸 並餘封切鏞大鐘也庸見前○詩商頌庸鼓有斁傳云大鐘曰庸庸與鏞通

胷匈 並許容切胷膺也匈匈喧擾意○漢書朱邑傳匈臆約結相如賦其于匈中曾不蔕芥並與胷通

恟凶 並許容切恟憂懼也凶吉之反○晉語敵入而凶注凶猶恟恐懼皃

廱雍 並於容切廱辟廱也雍和也○説文無雍字唐玄度九經字樣謂廱雍二字上正下俗非也顧藹吉曰今經典相承辟廱用上字雍州用下字（雍州之雍去聲）

愚案之亦不盡然漢書河閒獻王傳對三雍宮應劭曰辟雍靈臺明堂也爾雅釋天太歲在戊曰著廱釋文云廱又作雍又漢右扶風雍縣亦作廱漢書百官表雍太宰太祝令丞師古曰五畤在廱故特設太宰以下諸官二字葢通用

雍邕　竝於容切雍見前邕四方有水自邕成池者○晉書桑虞傳閨門邕穆邕與雍通

噰雝廱　竝於容切噰鳥聲也雝雝和也廱見前○雝通作雝詩大雅雝雝喈喈亦通廱楚辭雁廱廱以南

饔雍雝　𠀤於容切饔熟食也雍雝見前○周禮有内饔
外饔經典通作雍禮雍人注云廚也又作雝周語
佐雝者嘗焉

濃醲　𠀤女容切濃厚也醲酒厚也○後漢書馬融傳明
主醲于用賞

逢縫⿰衤逢　𠀤符容切逢掖大衣也縫以鍼紩衣也⿰衤逢同○
禮玉藻深衣縫齊倍要注云縫一作逢亦通⿰衤逢莊
子盜跖篇⿰衤逢衣淺帶

熢逢　上敷容切熢火夜曰熢晝曰燧下符容切值也○

[illegible] 史記封禪書達涌原泉達與逵通

縱從 上即容切縱橫也東西曰横南北曰縱下疾容切相聽許也○詩齊風衡從其畝賈誼過秦論合從締交𢀥與縱同

蹤從 上即容切迹也下疾容切見前○史記聶政傳故自刑以絕從從即蹤字

蹤縱 上即容切見前下切○漢書蕭何傳發縱指示獸處者人也師古曰書本皆不爲蹤字讀者乃爲蹤迹之蹤非也愚案說文無蹤字古皆借縱爲蹤洪氏隸

○鋒[illegible]

釋郭仲奇碑有山甫之縱魯峻碑比縱豹產外黃碑莫與比縱夏承碑紹縱先軌皆以縱爲蹤又案孔穎文玠璜新論曰發縱之縱讀如字非也周禮地官有迹人注迹人言迹知禽獸是亦蹤迹之義禽據此則顏氏之說殆未然也

恭共龔上九容切肅也中渠用切同也又九容切地名下九容切給也亦姓○書無逸徽柔懿恭古文尚書作共左傳不道不共又三命滋益共恭皆作共漢書王褒傳共惟春秋法五始之要服虔曰共敬

也師古曰共讀曰恭亦通作龔梁元帝告四方檄書泰誓作恭注云或作龔

供共　上九容切給也具也設也下渠用九容二切見前

○周禮天官太宰令百官共其財用釋文云禮供字皆借作共左傳隱九年君謂許不共杜注不共職貢釋文云共本亦作供詩關雎箋言后妃將共荇菜之菹釋文云共本亦作供漢書武帝紀共養省中師古曰共讀爲供又石經尚書殘碑惟正之共供亦作共古文尚書同

江紅上古雙切水出蜀岷山入海下戶公切見前○漢書曲江以其水流屈曲而名水經注瀧水又南逕曲紅縣東云縣昔號曲紅曲紅山名也案隸釋周憬功勳銘自瀑亭至于曲紅壹由此水又碑陰載宰曲紅者一人貫曲紅者一人○又綏民校尉熊君碑詔書降補桂陽曲紅長以紅爲江當是借字案琅邪代醉編引朱翌新仲之言曰曲江周府君碑江字皆作紅古字簡少故以紅爲江水經注曲江作曲紅蒼頡碑江夏作紅夏皆假借字愚攷漢書

缸 虹 [illegible]有王氏 銅虹

廾辨廾

有紅芡師古曰紅讀曰絳亦比類也

矼杠 竝古雙切矼聚石爲步渡水也杠牀前橫木○孟子十一月徒杠成爾雅釋宮石杠謂之徛注云今石橋二字通

厖庬 竝莫江切厖雜也庬大也厚也○厖與庬通書周官不和政厖

胑支枝 竝章移切胑胑體支持也枝枝柯○荀子如四胑之從心通作支易坤卦美在其中而暢于四支疏云四支猶人手足亦通枝孟子爲長者折枝趙

祇禔 竝章移切祇適也禔福也○祇与禔通史記韓安國傳禔取予〔年〕[illegible]禔一作祇

規蔦 上[illegible]也[illegible] [illegible]○車[illegible] [illegible]

岐注折枝按摩手節也陸湙曰肞枝古通

枝支 竝章移切上見前支又庶也○詩衛風芄蘭之支漢書揚雄傳支葉扶疏又左傳引詩百枝百世大雅作支傳云支支子也二字互通

榰枝 竝章移切榰柱也枝見前○增韻大柱曰榰小柱曰梧通作枝史記項羽本紀莫敢枝梧

麾戲 上許爲切旗屬下香義切弄也又許羈切於戲歎辭○周禮夏官建大麾以田史記引作戲注云大將之旗也史漢凡麾字皆作戲

卅辨卅

縻靡上靡爲切縻也下文彼切無也○易中孚吾與爾靡之釋文靡本亦作縻漢書匈奴傳羈縻不絕史記作靡

糜爢上爢爲切爛也下見前○孟子爢爛其民而戰之

漢書西南夷傳[illegible]

爢與糜通

吹炊並昌垂切吹吹嘘炊炊爨○荀子仲尼篇可炊而僓也炊與吹同僓與僨同

鈹鉟並敷羈切鈹劍如刀裝者又大鍼也鉟刃戈○史記高祖功臣年表長鈹都尉漢書作鉟

陂波　上彼爲切澤障曰陂下博禾切水通流也○漢書諸侯王表波漢之陽鄭氏曰波音陂澤之陂魏相傳弛山澤波池貨殖傳水居千石魚波竝與陂同

隨隋　竝旬爲切隨從也隋國名○廣韻隋本作隨隋文帝去辵爲隋郭忠恕佩觿曰隋文帝以周齊不遑寧處故去辵言辵走也遂作隋顧炎武金石文字記曰隨隋二字古通用水經注涓水又東逕隋縣西隨字作隋則知此乃古人省筆之字謂隋文帝始去辵而爲隋未必然也愚案說文隋本徒果切

裂肉也音義各殊詳見辨借

奇琦 𠀤居宜切奇異也琦玉名○荀子非十二子篇好治怪說玩琦辨楊倞曰琦讀爲奇異之奇漢光廟碑琦表射出又各進琦巧華山碑圖珍琦孔宙碑陰張琦字子異皆以琦爲奇

歧技 上巨支切歧路下渠綺切藝也○莊子在宥篇是相與技也以技爲歧借字

歧枳 上巨支切見前下諸氏切木名○爾雅釋地有枳首蛇焉郭璞注曰歧頭蛇也顧音居是諸是二反

郭音巨宜反孫音支云蛇有枝首者名率然洪适
謂枳讀如枝盞借歧爲枝又借枝爲枳也
犧羲戲　竝許羈切○孔安國書序古者伏犧氏之王天
下也釋文云犧本又作羲史記作戲
籬蘺　竝呂支切蘺藩蘺也江蘺香艸○漢書陳勝項籍
傳贊築長城而守藩蘺借蘺爲蘺
罹離羅　上呂支切心憂也（又遭也）中呂支切離別下魯何切鳥
罟○詩王風逢此百罹釋文罹本又作離書湯誥
罹其凶害傳云罹被也釋文罹本又作羅

[illegible]上呂知切下丑知切同[illegible]○[illegible]
同
[illegible]
[illegible]
[illegible]

九辨卷一　辨通一　十一

孋驪　竝呂支切孋戎國名驪馬深黑色○史記晉世家獻公所獲孋戎之女曰孋姬左傳國語俱通作驪

疵玼呰　上疾移切病也中千禮切玉病下將此切窳也○後漢書黃憲傳遠去玼吝注玼音疵古字通漢書敘傳閻尹之呰注呰與疵同翟義傳故爾戰國有呰災注呰讀作疵

貲訾　竝即移切貲財也訾毀也○漢書景帝紀令訾筭十㠯上迺得官地理志高訾富人司馬相如傳㠯訾為郎　竝與貲同

卑埤庳 上賓彌切下也中頻彌切增也厚也下便婢切

說文屋下也○易繫辭天尊地卑釋文云卑本亦作埤漢書劉向傳增埤爲高司馬相如傳埤溼則生藏莨蒹葭卑皆作埤荀子其流也埤下又埤汚庸俗楊倞注埤與卑同亦通庳揚子法言庳則儀秦鞅斯

彌眯 上武移切下莫禮切○左傳高渠彌提彌明史記俱借作眯

觜呰 上遵爲切娵觜次名下卽移切見前○左傳襄三十 [illegible]

九辨九

年歲在娵訾之口訾通作觜

彝夷 並以脂切彝酒尊又常也法也夷猶等也平也○周禮春官小宗伯雞彝禮明堂位作雞夷詩大雅民之秉彝孟子作秉夷周禮萍氏注引書有政事無夷酒書酒誥作彝

痍夷 並以脂切痍傷也夷見前○左傳成十六年命軍吏察夷傷疏此作夷

跠夷 並以脂切博雅跠蹲踞也夷見前○論語原壤夷俟疏云夷踞也

夷佚 上以脂切下[illegible] ○書堯典宅嵎夷[illegible]佚蓋是[illegible]字

毗庳 上房脂切輔也中毗至切〇詩小雅節南山天子是庳注庳讀曰毗輔也庳[illegible]

胝䟡 上丁尼切胼胝下陟利切[illegible]〇[illegible]

[illegible]

膍脾　上房脂切牛百葉也下符支切土藏也〇周禮天官醢人脾析䑋醢注脾析牛百葉是膍脾古通

咨訾諮資　咨卽夷切嗟也訾卽移切毀也諮卽夷切謀也資卽夷切助也貨也〇漢書禮樂志訾黃其何不徠下師古曰訾嗟歎聲詩小雅周爰咨諏釋文云咨本又作諮書君牙小民惟曰怨咨禮緇衣作怨資

資姿　兹卽夷切資材貨姿態也〇歐陽氏曰性姿天姿與資義同

九辨九　辨通一　十三

吴玊鳳《字學九辨》稿鈔本　三四

粢齊盛

粢 盄 即夷切 黍稷器 周禮春官大宗伯奉玉盛是也 ○儀禮士虞禮明齊溲酒注今文曰明粢 周禮春官世婦共齍盛 小宗伯辨六齍之名物注齍讀爲粢 六粢謂六穀黍稷稻粱麥苽

瓻鴟

瓻 丑脂切 瓻盛酒瓶 鴟鴟也一曰鳶也 ○古謹借書一瓻還書一瓻 通作鴟 黄山谷詩時送一鴟開鎖着

尼泥

尼 女夷切 下奴低切 ○爾雅釋丘 水潦所止曰泥

上郭璞注頂上汙下者釋文云泥泥依字當作尼尼

泥古通

尸屍

竝式之切尸陳也又主也在牀曰屍在棺曰柩○

易師卦師或輿尸尸與屍通

鬐鰭

竝渠脂切鰭魚脊上鬣鬐馬鬣也○儀禮士虞禮

魚進鬐也莊子外物篇揚而奮鬐竝與鰭通

着麋 媚

竝（上二字）武悲切着目上毛也麋鹿屬○（下明秘切媚）儀禮士冠禮着

壽萬年鄭氏注着古文作麋漢書王莽傳赤麋聞

之師古曰麋着也古字通用荀子非相篇伊尹之

九辨九　辨通一　卌

[illegible]

[illegible]

腰蹝

[illegible]

廾[illegible]廾

狀面無須纍楊倞注纍與看通歐陽公集古錄曰

碑銘有云不永纍壽

余家藏集錄三代古器銘有云纍壽萬年者蓋古字簡少通用至漢猶然 二通作熢燧者列向列仙傳作燧熢

岯伾邳

丕一

岯符悲切○爾雅釋山再成岯疏云山上更有一山重累者通作伾書禹貢至于大伾史記亦作大邳 因經又作邳

丕不負上敷悲切大也中杯入聲不然也下房久切荷也 ○書大誥爾丕克遠省馬融作不秦詛楚文不顯大神巫咸秦和權銘不顯皇祖

皆與丕同亦作負書金縢是有丕子之責于天史記作負索隱引鄭氏曰丕讀作負

而如（怡台）

工如之切語之轉也下人諸切似也○孟子望道而未之見集注而讀爲如古字通用朱子荅門人引詩垂帶而厲（春秋）星隕如雨爲證案詩小雅垂帶而厲箋云而如也春秋莊七年星隕如雨杜氏云如而也經史通用者甚多不能悉載

萁旗

工居之切𥭥名下渠之切旌旗○荀子富國篇則國安于磐石壽于萁翼注旗讀爲萁萁翼二星名

九辨九

案箕乃壽星之末而翼軫有長沙星主壽故曰壽于箕翼

基朞 𡉂居之切基本也址也朞周年帀四時也○周禮地官質人邦國朞釋文云朞本亦作基漢靈臺碑承嗣基年郙敬碑傳于萬基任伯嗣碑基月有成皆以基爲朞

錤基 𡉂居之切鎡錤田器也基見前○孟子作鎡基史記樊噲傳同

踑箕 𡉂居之切踑踞也箕箕帚○劉伶酒德頌奮髯踑

踞通作箕漢書南越傳尉佗魋結箕踞

嫠釐 然里之切嫠無夫也釐家福又理也〇小爾雅寡婦曰釐詩傳鄭之釐婦然與嫠同

𠢐黎棃 上里之切劃也中郎奚切衆也下力脂切果名〇漢書耿恭傳黎血流面注黎與𠢐同亦通棃揚雄長楊賦分棃單于磔裂屬國淮南子齊俗訓伐櫌相豫章而剖棃之

淄甾菑甾 然側持切淄水名菑不耕田也甾同〇淄亦作菑周禮夏官職方氏幽州其浸菑上下作甾書禹貢惟淄其道漢書地理志作甾

嬉娭 然許其切嬉遊也蒼頡篇娭婦人賤稱〇漢安世房中歌神來燕娭司馬相如賦吾欲往乎南娭戴

貽詒 与之切[illegible]詒相欺詒也
詒同[illegible]本又作詒[illegible]
[illegible]

[illegible]

侗六書故曰嬉娭通

熙熹 並許其切熙和也熹熾也○六書故曰熹與熙通

漢唐扶頌治致靡熹

禧釐熙 上許其切福也中里之切見前下里之切[illegible]見

前○史記孝文紀祠官祝釐師古曰釐本作禧假

借用耳亦借作熙漢書禮樂志熙事備成師古曰

熙與禧同

怡台 並與之切怡悅也台我也○史記自序諸呂不台

注言不爲人所怡悅也

媸蚩　並赤之切媸醜也蚩蟲名亦輕侮字○陸機文賦妍蚩好惡省媸爲蚩

慈子　上疾之切愛也下即里切子息○禮樂記易直子諒之心油然生矣韓詩外傳作慈良子乃借字

兹咨　上子之切下即夷切○爾雅釋詁兹咨此也邢昺疏咨與兹同魏孔羨碑咨可謂命世大聖千載之師表者矣以咨爲兹

孜孳　兹子之切孜汲汲也孳孳息也○周書孜孜無怠通作孳漢書蕭何傳尚復孳孳得民和師古曰孳與孜

乃吉[illegible]云[illegible]字

艸類艸

同禮表記俛焉日有孳孳孜亦作孳

孳滋　丝子之切孳見前滋益也○白虎通子者孳也史記律書作滋漢書禮樂志子萌于滋孳滋二字古通

徽徽　丝許歸切徽幟也徽美也○徽通作徽左傳昭二十一年揚徽者公徒也注徽識也疏云徽識制如旌旗書其所任之官爵與姓名于其上被之于背漢書王莽傳殊徽幟注徽幟通謂旌旗之屬

圍韋　丝雨非切圍圍也韋柔皮○釋名釋[illegible]漢書成帝紀大木十

韋呂上師古曰韋與圍同蓋借字

違韋 並雨非切〇依違不決也漢書作依韋亦借字

妃斐 並芳非切妃匹也斐斐往來皃〇妃借作斐劉向列僊傳江斐二女文選左思蜀都賦娉江斐與神遊吳都賦江斐于是往來五臣注並作妃

飛蜚 上甫微切鳥翥也下扶涕切蟲名〇廣韻飛古通用蜚史記周本紀蜚鴻滿野楚世家三年不蜚蜚將沖天

斦圻(祁) 上音 並渠希切(下渠依切)〇書酒誥斦父薄違詩小雅作圻父毛

氏曰斦圻通二通祁音之半牙之祁字乃沿示作祈字音極半行人乎祈字

二居作祁

頎幾 上渠希切長皃下居依切庶幾也○史記孔子世家幾然而長借幾爲頎

畿圻 並渠希切畿王畿圻說文垠字重文○案書傳亦以圻爲京畿字蓋幾有垠義故圻亦通畿也

譏幾 並居依切譏察也幾見前○周禮地官司關國凶札則無關門之征猶幾注云猶幾謂無租稅猶苛察不令姦人出入幾與譏通

璣機 並居依切璣璇璣機主發者○王弼周易略例故

琽蒤 上烏典切音偃[illegible]下同都切音荼○琽亦作蒤[illegible]

虡璇璣以觀天運釋文云璣本又作機漢周公禮殿碑旋機離常堯廟碑旋機之政皆以機爲璣

依猗 上於希切下於离切○依違困決也一作猗違漢書孔光傳猗違者連歲注猶依違也依且違言兩可也

居姬 上九魚切安也下居之切周姓○列子黃帝篇姬吾語女注云姬作居蓋借字

餘余邪 上以諸切饒也中以諸切我也下以遮切語末定辭○周禮地官委人凡其余聚以待頒賜余與

餘同亦通邪史記歷書歸邪于終注邪餘分也終閏月也又褒斜地名漢陽厥碑作褒余

蔬疏 並所葅切凡艸菜可食者曰蔬疏通也遠也○周禮天官冢宰臣妾聚斂疏材注云疏材百艸根實可食者又蔬不熟曰饉釋文云蔬菜也又地官稍人疏材木注云凡畜聚之物瓜瓠葵芋禦冬之具又荀子蓽菜百疏疏乃蔬字之俗蔬疏二字古通

梳疏 並所葅切梳櫛也理髮也疏見前○漢書揚雄傳頭蓬不暇疏文選長楊賦作梳

嘘吁上朽居切吹嘘下況于切歎也○王充論衡豬馬以氣吁之吁嘘通

瀦豬並陟魚切瀦水所停也豬豕也○書禹貢大野既豬孔傳大野澤名水所停曰豬與瀦通

豬諸並陟魚切○孟豬澤名書禹貢被孟豬左傳僖二十八年及爾雅釋地俱作孟諸

隅嵎堣並元俱切隅陬也嵎山名在吳堣堣夷日所出處○書益稷至于海隅蒼生君奭丕冒海隅出日說文封嵎之山魯語作隅古文尚書皆作嵎左傳陷西北隅以入釋文隅本

禺虞楚儒○禺見經傳者作虞 二字通

鐻鐻羊朱切𩔖一切切 利器四三表特宠 寄字通行字切 寄字切同

吁于 用常于吁者猶多

九辨九

或作堣書宅嵎夷說文作堣三字並通

逾隃 上羊朱切越也下隃式朱遇切爾雅釋地北陵也西隃雁門是也又羊朱切隃麋縣名○逾與隃通左傳襄十二年隃隱而待之司馬相如傳上林賦隃絕梁漢書嚴助傳輿轎而隃嶺

驅敺 上豈俱切驅馳也又逐也下烏侯切姓也○史記趙世家敺代地漢書食貨志敺民而歸之農虞尤二韻古本通音此因聲而借也

敷傅 上方无切陳也施也下方遇切相也又符遇切麗

著也○書敬敷五教在寬古文尚書作敬傅漢書
文帝紀傅納吕言師古曰傅讀曰敷洪範敷錫敷
言史記俱作傅二字古通

泭桴 上泭芳无切說文泭編木以渡也 下縛謀切說文棟名爾雅釋宫棟謂之桴 桴又音孚○泭
通作桴論語乘桴浮于海管子小匡篇乘桴濟河

柎不 上甫無切莩足也下方鳩切未定之辭○柎與
不通詩小雅鄂不韡韡又華不注山名左傳成二
年三周華不注伏琛三齊記引摯虞云不與鄂不
韡韡之不同

玞夫 上芳无切 玞美石次玉者曰玞 武者作夫 [illegible] 武夫 [illegible] 美玉

訏芋 [illegible] 訏大也 [illegible]

徑侍 [illegible]

九辨九

𪏮仇　上𢹂朱切，捊也；下巨鳩切。○𪏮借作仇，《詩·小雅·賓戴手仇》，注云：仇讀曰𪏮。

樞藲　上昌朱切，下烏侯切，竝木名。○《詩·唐風》：山有樞藲。石經（魯詩殘碑）作藲。陸氏《釋文》云：樞本亦作藲。○案陸璣《艸木疏》：樞其鍼刺如柘，其葉如榆，瀹爲茹，美滑于白榆。藲一作櫙。《爾雅·釋木》：櫙，茎。郭璞注：今之刺榆。《山海經》：其木苦藲。注云：刺榆也。樞、藲本二木而同有榆義，虞、尤古通音，故借。

𧃒蒲　竝薄胡切。𢹂𧃒，戲也；蒲，水艸。○《荀子·不苟篇》：柔從

郝疏

若蒲葦以蒲爲蒲

瓠壺　㘸戶吳切瓠𧆛瓢也壺圜器○瓠與壺通詩豳風八月斷壺鶡冠子學問篇中流失船一壺千金

觚柧　㘸古胡切說文觚鄉飲酒之爵也柧棱也廣韻同○觚柧二字古多通用班固西都賦上觚稜而棲金爵注觚八觚有隅者也一曰堂殿上最高轉角處後漢書作柧棱○案邵氏曰三棱爲柧又木四方爲棱八棱爲柧

菰觚　㘸古胡切菰雕胡也觚見前○司馬相如子虛賦蓮藕觚盧史記作菰蘆菰觚同字

涂塗 竝同都切漢書注涂道路也塗泥也說文○周禮夏官地官遂人百夫有洫洫上有涂注涂容乘車一軌
司險設國之五溝五涂注五涂徑畛涂道路也
今通借塗爲道路字

嵞塗 竝同都切嵞山名塗見前○說文嵞會稽山一曰
當嵞九江古文尚書本作嵞今文假借作塗書益
稷娶于塗山左傳哀七年禹會諸侯于塗山

呼乎虖戲 嗚呼歎聲呼通作乎詩小雅於乎小子又通
作虖漢書武帝紀呼虖何施而臻此亦作戲書於
呼石經俱作於戲

鮮𩵋 [illegible]

䨼𩻕 [illegible]

滹虖嘑惡亞 滹沱水名周禮作虖池史記蘇秦傳作嘑沱禮禮器作惡池秦詛楚文作亞駝皆通借字

梧吾 𧯧五乎切○蒼梧一作蒼吾桓譚新論予酒不如蒼吾之醇

吾虞 上五乎切下元俱切○漢書吾丘壽王劉向新序作虞丘吾虞字通 [illegible]

吳虞 上五乎切大言也又國名下元俱切○劉熙釋名吳虞也盧文弨曰古吳虞字通攷詩不吳不敖王伯厚詩攷作不虞論語虞仲吳越春秋作吳中

[illegible]

九辨 辨通一 三三

顱盧 注落胡切顱頭顱也說文盧飯器○漢書武五子傳頭盧相屬于道省顱爲盧

蘆盧 注落胡切蘆積竹戈戟柄一曰筵也周禮考工記秦無盧注矛戟竹攢柲柲即柄也蘆省借作盧

玈黸盧 注落胡切廣韻玈黑弓也說文齊謂黑爲黸釋名土黑曰盧○左傳僖二十八年王賜晉侯玈弓矢千亦作黸𢏚子方言彤弓黸矢文作盧書文侯之命盧弓一盧矢百二字義同而借

齎齊 注祖奚切齎肶齎臍俗作齊䐡也等也○齎省作齊左

犂黎字假借[illegible]也
[illegible]
[illegible]共同作黎
[illegible]傷下

傳莊六年若不早圖後君噬齊注齊臍同

黎犂 注郎奚切黎衆也黑也犂耕具○書秦誓播棄犂老左傳昭二十九年顓頊氏有子曰犂爲祝融黎皆通作犂

低氐 上都奚切俛也下也下都禮切本也○漢書食貨志封君皆氐首仰給縣官又其賈氐賤注與低同

啼諦隄 上杜奚切號泣也中都計切審也下是支切鳴鳴也○管子小匡篇豕人立而啼荀子禮論哭泣諦號注啼諦古通用春秋繁露執贄篇羊殺之不諦淮南子精神訓病

訛癘者蹝蹄而謕竝與啼通亦通作嗁顏氏家訓子生咳嗁

媞提　竝杜奚切媞媞安也一曰美好皃提挈也○詩魏風好人提提楚辭章句引作媞媞

罤蹄　竝杜奚切玉篇罤兔网蹄足也○莊子外物篇得兔忘蹄借蹄爲罤

嫨奚　竝胡雞切嫨女隸奚何也○周禮天官酒人奚三百人注奚猶今官婢又奚奴小奚竝同嫨

蹊徯　竝胡雞切蹊徑路徯有所望也○禮月令塞徯徑疏云徯徑細小狹路也漢書貨殖傳短乇不施于徯

徑隧兹與蹊同

兮猗矦上杜奚切語助中於宜切兹語助下户鈎切○兮與猗通書秦誓斷斷猗大學引作兮莊子大宗師篇我猶爲人猗亦通作矦史記樂書高祖過沛詩三矦之章司馬貞索隱曰沛詩有三兮字故曰三矦詩卽大風歌也兮矦古韻通

泥尺

兒倪睨上五稽切弱小也中五稽切端倪下五計切衺視也○兒與倪通孟子反其旄倪史記倪寬漢書作兒寬倪又通睨爾雅釋魚龜左倪不類右倪不

若疏云倪讀如睨左倪右倪謂左右顧也莊子馬蹄篇馬知介倪注云介音戛倪猶睥睨

○

蜺霓 竝五稽切蜺似蟬而小霓雌虹也爾雅釋蟲蜺寒蜩揚子蟬黑而赤者謂之蜺亦通霓爾雅釋天蜺爲挈貳注雌虹也

泥尼昵

窒圭 竝古攜切窒甑下空也圭瑞玉○楚辭哀時命珪璋雜于甑窒注甑窒土孔通作圭禮儒行篳門圭窬

膎鮭 戶佳切膎肉食肴也鮭魚名○膎通作鮭南史孔

靖歆宋高祖酒無膎取伏雞卵爲肴又王儉云庾郎食膎有二十七種世說作鮭杜詩自愧無鮭菜

哇 鼃 上於佳切淫聲下烏媧切蝦蟇也○哇與鼃通漢書王莽傳紫色鼃聲師古鼃樂之淫聲也

荄 核 上古諧切艸根也下下革切果中核○漢書五行志孚毓根核核與荄通

飌 喈 上古諧切飌疾風也喈喈鳥聲○飌通作喈詩邶風北風其喈

隈 畏 上於恢切水曲也下於胃切怖也○周禮考工記

九辨九

當弓之畏又長其畏而薄其敝釋文隈烏恢反敝讀爲蔽儀禮注弓淵也與隈通

尵僓穨 𡉉徒回切尵尵馬病也僓下隊也穨瘣也○尵通作僓詩周南我馬尵僓爾雅釋詁作虺穨頹

摧催 𡉉倉回切摧折也催迫也○說文引詩室人交徧催我今詩作摧釋文云本或作催二字古通

陪倍 上薄回切下蒲昧切○𠤎尾山名亦作倍尾

開闓 上苦哀切下苦亥切𡉉闓也○廣韻開經典亦作闓漢書兒寬傳發祉闓門師古曰闓讀與開同下文[illegible]四十[illegible]

字多作閔

[illegible]

薹臺 竝徒哀切薹臺莎艸即夫須也可爲笠四方而高曰臺○謝朓詩薹笠聚東菑通作臺詩小雅臺笠緇撮

材財 竝昨哉切材木梃也借作材質財貨也○材財古通用孟子有達財者注財與材同漢書鼂錯傳今以陛下神明德厚資財不下五帝師古曰資質也謂天子之材質

才材 竝昨哉切才能也材見前○書咸有一德任官惟賢材材與才通

才類九

纔財才裁 並昨哉切 纔僅也 財才見前 裁制衣 又裁度○

財與纔 字文本紀太僕見馬遺財足 索隱曰財與纔同 漢書杜欽傳迺爲小冠高廣財二寸 師古曰財與纔同 通 亦通作才 晉書謝混傳才小富貴便與人家國事 又通作裁 漢書功臣表裁十二三 師古曰裁與纔同 馬援傳裁知書 又但取衣食裁足 並與纔通

裁才財 並昨哉切 見前○裁與才通 戰國策惟王才之 亦通作財 易泰卦后以財成天地之道 釋文財荀

来麰

作栽爾雅釋言疏云栽財音義通

𥝢麰 上落哀切說文齊謂麥曰𥝢通作麳劉向封事貽我麳麰○案𥝢亦作來說文來周所受瑞麥來麰詩曰貽我來麰今但借爲徃來之來○案𥝢本有麳音故通

張振

茵裀 絪 並於眞切廣韻茵茵褥玉篇裀衣身○茵通作裀 也傳雅複襂謂之裀玉篇絪絪緼元氣也 晉書劉寔傳裀褥甚麗亦通絪漢書霍光傳加畫繡絪如淳曰絪亦茵也

伸信 上失人切舒也直也下息晉切誠也驗也○伸信

辨通一

刅[illegible]刅 古字通易繫辭往者屈也來者信也詩邶風不我信兮周禮春官典瑞侯執信圭伯執躬圭注信圭刻人形信也躬圭刻人形屈也

璘瞵 並力珍切玉篇璘璘文皃說文瞵目精也○璘借作瞵揚雄甘泉賦璧馬犀之瞵㻞注文皃

顰頻 並毗賓切顰著蹙皃頻數也頻說文作顮顮字見辨體 通作頻孟子己頻蹙曰王克論衡薄酒酸苦賓主頻蹙

○倀棖 上側鄰切漢制儺于禁中用倀子倀之言善也善

童幼子也下章刃切奮也○侲借作振漢書淮南
王傳遣振男女三千人

䏰夤 弋翼眞切䏰脊肉夤緣連也又敬也○䏰借作夤
易艮卦艮其限裂其夤釋文鄭作䏰夾脊肉

垠銀沂 兹語巾切垠厓岸也銀白金○荀子成相篇守其（旁注：下魚依切水名）（旁注：垠借作銀）
銀借作垠又借作沂漢書敘傳張良受書于泗沂晉灼曰沂厓也師古曰沂音牛斤反

岷汶 工彌鄰切山名下文運切水名○孔穎達書正義
岷山在梁州江水所出通作汶山海經大江出汶
郭之東南遷蜀郡東北至廣陵入海書禹貢岷嶓

九辨九

既埶史記夏本紀作汶嶓

恂悛

純醇 茲常倫切純不雜也醇醲也○純通作醇漢書禮樂志河龍供鯉醇犧牲師古曰醇謂色不雜也食貨志天子不能具醇駟梅福傳一色成體謂之醇

茲與純同

醇淳 茲常倫切醇見前淳朴也○史記信陵君傳日飲淳酒漢書景帝紀黎民醇厚二字互通

掄倫 力迍切掄擇也倫輩也又道理○儀禮少牢饋食禮雍人倫膚九實于一鼎注云擇其至美者倫與

與倫通

逡遁（駿）上七倫切逡巡退也下徒困切逃也○逡通作遁。賈誼過秦論遁巡不敢進師古曰逡遁謂疑懼而卻退也

巡遁（循）上七倫切中徒困切兹見前下詳遵切行順也依也○逡巡卻退見巡通作遁周禮司士注王揖之皆逡遁儀禮士昏禮大射禮公食大夫禮士冠禮辟逡循聘禮注避位逡遁又三退三逡遁也禮玉藻注俛逡遁而退著屨也晏子春秋逡遁對曰漢

辨通一　三十

書平當傳贊遂遁有恥萬章敍傳遂遁甚懼迅皆作
遁亦通循晏子春秋遂循對曰漢書萬章傳遂循
甚懼外戚傳遂循固讓然與遂循巡同

均鈞

然居匀切均平也徧也鈞三十斤〇均鈞通用書
秦誓厥罪惟鈞以鈞爲均詩小雅秉國之均以均
爲鈞

〇恂悛

上相倫切恂恂溫恭皃下此緣切改也〇漢書李
廣傳贊恂恂如鄙人史記作悛悛

臻轃

側詵切臻至也轃說文大車簀〇臻借作轃漢書

後遂 [illegible]

郊祀志四極爰轃王吉傳福禄其轃

侁駪 並所臻切侁侁行皃駪馬多皃○詩小雅駪駪征夫韓詩作侁侁二字通

紜員沄云 並于分切紜紛紜物多皃員物數又王權切沄水轉流也云言也○紜通作員樂府赤雁集六紛員亦通沄揚雄長楊賦紛沄沸渭注紛沄與紛紜同衆盛皃又通云漢書郊祀志細云六合司馬相如賦威武紛云樂府紛云六幕浮大海

芸云 並于分切芸芸多皃云見前○莊子有在宥篇萬

羵墳 竝無分切羵土中怪羊墳見前○羵通作墳魯語土之怪曰墳羊

物云云注盛皃老子作芸芸

耘芸 竝于分切耘除苗穢也芸見前香艸○耘與芸通論語植其杖而芸何晏注除艸曰芸石經論語殘碑作耘

云員 竝于分切見前○詩鄭風聊樂我員釋文員本亦作云韋孟詩雖則員然通作云

鄖員 竝于分切鄖國名○漢書古今人表員公辛師古曰員讀爲鄖

墳賁 竝無分切墳墓也又土沸起也賁大也○左傳僖四年公祭地地墳公羊穀梁傳竝作賁

鼖賁 竝無分切鼖大鼓賁大也見前○鼖與賁通詩大雅鼖鼓維鏞

醺熏　竝許云切醺醉也熏火氣盛皃灼也○詩大雅公尸來止熏熏通作醺

熏薰　竝許云切熏見前薰香艸○薰通作熏易艮卦厲薰心後漢書馬廖傳聲薰天地

帉紛　竝敷文切帉大巾也紛眾也○禮內則左佩紛帨注紛帨拭物之巾也紛借作帉

勤廑　上巨巾切勞也下渠遴切廣韻小廑○勤通作廑漢書文帝紀廑身從事揚雄傳其廑至矣

紛分　上敷文切紛見前紛紛亂也下方文切判也○紛通作分當

九辨九　辨通一　三十二

[illegible]

子儒效篇分分乎其有終始也淮南子繆稱訓禍之生也紛紛分分注猶紛紛

原京　上愿袁切高平曰原下擧卿切大也○原與京通禮檀弓是全要領以從先大夫于九京也注九京山名在今絳州晉大夫葬地在九京京爲原字後漢書銚期傳破叟始將軍京東觀漢紀作原原京字通

𧖴原　上愚袁切𧖴重蠶也原本也○周禮禁原蠶鄭注原再也與𧖴通

[illegible]

源原　㙴愚袁切源水泉本也原見前○源通原孟子原泉混混漢書食貨志猶塞川原爲潢污也師古曰原謂水泉之本也○槑原説文作厡本原泉字後人以爲原野之原因加水以别之兹从今讀

猨爰　抾雨元切猨獸名爰於也○漢書史記李廣傳猨臂善射漢書作爰

轅爰

園圉　上雨元切帝王陵寢曰園下魚巨切圉人養馬者又牧圉邊陲也○園借作圉史記秦本紀懷公葬櫟圉惠公葬陵圉獻公葬蹈圉孝公葬弟圉是也

膰燔　符袁切膰祭肉也生曰脤熟曰膰燔炙也○膰通

作旛左傳襄二十二年與執旛焉釋文旛本亦作膰

穀梁傳定四年熟曰旛釋文本又作膰孟子旛肉

不至

轓藩

甫煩切轓車蔽也藩蘺也又屏藩○周禮春官

巾車漆車藩蔽注藩小車漆席為之以蔽衛風塵

也藩與轓通

藩蕃

上甫煩切見前下符袁切茂也息也滋也○張參

五經文字曰經典通用蕃為屏藩字詩大雅四國

於蕃書微子之命以蕃王室左傳昭九年以蕃屏

周漢書諸侯王表介人維蕃藩皆作蕃

翻反幡 並甫煩切翻飛也覆也反平反理正幽枉也幡幟也○翻通作反漢書張安世傳反水漿亦通幡論語引詩翩其反而詩大雅幡幡荷葉注云幡幡荷葉皃孟子既而幡然改曰注云幡翻也

諼諠 並況袁切諼忘也諠譁也亦作喧○詩衛風終不可諼兮大學引作諠

蜿究冤 並於冤（袁）切蜿蜿龍皃又蜿蜒究地（縣）名又大究國名冤屈也○蜿省作究相如封禪頌究究黃龍興

九辨九　辨通一　二十四

德而升亦與冤通揚雄賦颺翠旗之冤延

昆緄（混） 上古渾切後也同也下古本切說文緄帶也○昆夷西戎名詩大雅（中夷裒切豐流也）通作緄（作混夷亦）漢書（史記）匈奴傳緄夷（自隴以西有綿諸緄戎緄戎）即昆夷也漢綴民校尉熊君碑以亦後緄亦以緄爲昆

崑混昆 [illegible]

爌庉 炓徒渾切爌火盛皃庉屯聚之處○爾雅釋天風與火爲庉注庉爌盛之皃借庉爲爌

湓盆 炓蒲奔切湓水涌也盆盆盎○（盎通作盆）後漢書陳忠傳徐岱之濱海水盆溢漢書溝洫志作湓溢

韓榦 上胡安切（說文井垣也从韋取其帀也倝聲）下古案切說文榦牆耑木也又楨榦○

[illegible]

井韓井上木闌也亦曰水轆轤者銀牀通作幹莊子秋水篇跲井之鼃跳梁井幹之上漢書武帝紀作井幹樓高五十丈注云積木而高于樓若井幹之形

跚珊姍散　上三字並蘇干切蹣跚跛行皃珊珊瑚姍誹也下蘇旰切分離也○跚借作珊史記司馬相如傳媻珊勃窣漢書亦作媻姍又借作散平原君傳槃散行汲注云散一作跚

干奸　並古寒切干求也犯也奸說文犯婬也○史記齊世家太公以漁釣奸周莊子天運篇以奸者七十

九辨九　辨通一　三五

二君漢書劉向傳數奸宄之誅並與干通

桓丸 並胡官切丸彈丸○烏桓山名通作丸魏志太祖引烏丸之衆

丸垸 並胡官切丸見前垸以桼和灰而鬃也○淮南子時則訓圓而不垸注轉也列子黃帝篇佝僂承蜩者累五垸而不墜並與丸同

刓玩 上五丸切圓削也下五換切弄也○漢書酈食其傳爲人刻印玩而不能授師古曰韓信傳作刓此作玩義各通

團揣專顓敦　團度官切圜也揣初委切度也專職緣切

壹也顓職緣切敬皃敦都昆切厚也○團通作揣馬融長笛賦冬雪揣封乎其枝注揣與團古通亦通專周禮地官大司徒其民專而長亦通顓賈捐之棄珠厓議顓顓獨居一海之中注顓顓團皃又通敦詩豳風有敦瓜苦大雅敦彼行葦箋與團同

摶揣　上度官切以圜物也下見前○摶亦通揣賈誼鵩賦忽然爲人兮何足控揣漢書本傳注揣與摶通控摶玩弄愛生之意

歡讙驩 竝呼官切歡喜樂也讙譁也驩馬名○歡與讙通禮檀弓三年不言言乃讙注云命令所布人心喜悅也亦通驩孟子驩虞如也左傳昭四年寡人欲結驩于二三君漢書董仲舒傳驩然有恩王褒傳驩然道故

盤般磐 竝薄官切盤本作槃承槃也般樂也磐大石○書盤庚石經殘碑作般庚左傳莊四年注商書盤庚釋文云盤一作般漢書揚雄傳般庚所遷盤亦作般爾雅釋言般還也布還切釋文一音蒲安反周

易云般桓是也則盤桓易亦作般桓傳毅舞賦般桓不發皆以般爲盤書五子之歌乃盤遊無度以盤爲般盤與般古蓋通用亦通磐易屯卦盤桓釋文本作磐桓

磐盤

並薄官切見前○漢書文帝紀盤石之宗郊祀志鴻漸于盤荀子富國篇國安于盤石成公綏嘯賦坐盤石皆以盤爲磐

鞶般

並薄官切鞶大帶也（鞶小囊盛巾帨者）般見前○鞶通作般穀梁傳桓三年諸母般申之注般囊也疏男子般革婦人

瓶般

般絲

彎（關）貫 上烏關切持弓關（䦱）也 下古玩切串也○王褒聖主得賢臣頌逢門子彎烏號通作貫史記伍子胥傳貫弓執矢以嚮使者

柈盤 柈薄官切盤也盤同也○柈通作盤後漢書……記曹門內作柈門……刻……作柈于……鐘越切……

瘝矜 上古頑（還）切病也 下居陵切憠也○瘝與矜通後漢書和帝紀鰥寡惸矜注病也

書序 ……

班般辨 上布還切……班布……也 下……切……○班通作般左氏成十二年……般……[illegible]

鰥矜 上古頑切老而無妻曰鰥 下古（還）切見前○詩大雅不侮矜寡禮王制老而無妻謂之矜瑯邪代醉編曰鰥寡之鰥作矜哀矜之矜漢書于定國傳作

環圜鐶 上戶關切……中……切……下……切……○環通作圜……圜……通作鐶……

穌二字通聲互用

下平聲

芊阡仟 並蒼先切芊艸盛皃阡阡陌仟仟千人長也○芊緜亦作阡眠楚辭九懷遠望兮阡眠選詩遠樹曖阡阡李善本作仟仟並與芊通又漢書原涉傳京兆尹曹氏葬茂陵人謂其道爲原氏仟亦以仟爲阡

韉帴 並則前切韉馬鞍具帴小兒藉也○韉通作帴晉書張方傳軍人割流蘇帳爲馬帴

濺淺 上則前切水疾流也下七衍切水不深也○濺通作淺楚辭九歌石瀨兮淺淺

豣肩 並古賢切豣三歲豕肩髆也○豣通作肩詩齊風並驅從兩肩兮傳云豕三歲爲肩

佃田 並徒年切佃治土也田土可耕者○佃通作田詩齊風無田甫田朱傳謂耕治之也

瘨填 歎 上都年切病也又狂也 中徒年切塞也 下都年切陸如 ○詩小雅哀我填寡朱傳填病也與瘨通 又瘨狂字二僕作顛[illegible]

骿駢 並部田切骿骿脅也駢駕二馬也○骿與駢通晉

偏使

語聞其骿脅左傳作駢莊子駢拇指枝

涓 鋗

竝古玄切鋗銅銚○中涓官名借作鋗史記楚世家王行遇其故鋗人注今之中涓也萬石君傳作中涓

延 莚

竝以然切延引也莚艸名○爾雅釋言注蔓莚釋文云莚今本作延莚延蓋通字

綖 延

竝以然切綖冕前後垂覆也延見前○禮玉藻天子玉藻十有二流前後邃延注延冕上覆也釋文云字林作綖

廾辦廾

埏羡上以然切地際也又墓道羡似面切慕欲也○後漢書陳蕃傳民趙宣葬親而不閉隧埏通作羡史記秦始皇紀閉中羡下外羡門衛世家共伯入釐侯羡自殺索隱曰羡音延墓道

聯連兹力延切聯連也連合也○憚聯綴屬皃通作連（聠聯不絶）晉書王恭傳與阿大語聯連不得歸

鏈連兹力延切鏈鉛錫也連見前○鏈省作連史記貨殖傳江南出金錫連徐廣曰連鉛未鍊者[illegible]

旃旃兹諸延切旃毛席旃旗曲柄也周禮通帛曰旃○

史記匈奴傳不如旃裘之完善也漢書王襃傳荷旃被

毳𣯛與氈通又蘇武傳齧雪與旃毛

儇 翾 並許緣切儇利也疾也翾小飛皃○荀子不苟篇

喜則輕而翾注與儇同急也

瑄 宣 並須緣切瑄說文璧六寸也宣□也○瑄亦作宣亦□釋器璧大六寸謂之宣注漢書所云瑄玉是也

旋 還 並似宣切旋周旋也又反也還還反○二字經典通

用

専 剸 顓 摶 上職緣切擅也中度官切截也下職緣切蒙也

○專通剸周語王將棄是顓而與剸同漢書蕭何

傳上曰此剸任何關中事師古曰剸與專同孫通叔

易上象也釋文陸作搏左傳昭二十年若琴瑟之專壹杜作摶史記始皇本紀搏心揖志摶與專同

九辨 辨通一 卌

傳剸言諸侯又剸言大猾史記並作專亦通顓史
記陳涉世家容愚無知顓妄言輕威漢書高后紀
顓兵秉政皆與專同

圓員　並王權切圓方之對也員物數又官數○孟子方
員之至也二字古通

顴權　並巨緣切顴輔骨權空也又稱錘○漢書高帝紀
注頰權準曹植洛神賦靨輔承權並與顴通

沿均　上與專切從流而下也下居匀切已見○史記夏
本紀均河海通淮泗鄭玄曰均讀爲沿蓋借字

佻窕　上吐彫切輕佻　下徒了切窈窕幽閒皃○左傳成十六年楚師輕窕窕與佻通

凋彫　上都聊切凋半傷也彫刻文○凋通作彫論語歲寒然後知松柏之後彫也

彫錭敦　上都聊切見前　中徒刀切說文鈍也　下都昆切已見○彫通作錭荀子禮論必將錭琢刻鏤黼黻文章以塞其目亦通敦詩大雅敦弓既堅

琱彫敦　上中並都聊切琱說文治玉也彫見前　下都昆切○琱通作雕亦[illegible]

條蓨脩　上徒聊切小枝也　中徒聊切說文苗也　下息流切脯也○漢書周亞夫傳乃封爲條侯師古曰縣

九辯九

在勃海地理志作脩字今本地理志作脩(史)(表)(同)
應劭曰脩音條詩王風暵其脩矣釋文脩本又作
條又史記功臣表樊輿侯劉條漢表作脩蓋脩有
條音故通

條窕上音那切下徒了切○淮南子原道訓霄窕之野注与蕭條同作字

僚寮 落蕭切僚朋也官僚也寮小窗也○(僚)(與)(寮)書
皋陶謨百僚師師通作寮書酒誥百寮庶尹左傳
文七年荀林父曰同官爲寮論語公伯寮史記作
僚

消肖 (上)(双)相邀切(消)盡也下私妙切似也○莊子列御寇

篇達于知者肖注睄釋也與消通

痟消　竝相邀切○玉篇痟渴病也漢書司馬相如傳作消渴

綃宵縿　上相邀切生絲繒也中相邀切夜也下所銜切旌旗之斿也○綃通作宵儀禮士昏禮母纚笄宵衣亦通縿禮檀弓縿幕魯也注縿縑也讀如綃

幧綃帽　上七遙切也斂髮謂之幧頭所以覆髻中見前下相邀切縛也○古樂府脫帽著幧頭通作綃後漢書向詡傳好被髮著絳綃頭又通帽晉書五行志太元中人不復著帽頭

火[illegible]火

譙焦　上昨焦切國名又姓下即消切傷火也○譙[李注作譙云]贛漢書作焦貢左傳僖二十三年楚成得臣帥師伐陳取焦杜預注焦今譙縣據此則譙焦通[illegible]切

䲟蕉　上昨焦切即䲟䳺也下即消切芭蕉○䲟通作蕉左傳成九年雖有姬姜無棄蕉萃

穚驕喬　上舉喬切[禾秀也]又莠州長茂皃中舉喬切自矜也下巨嬌切高也○穚通作驕詩齊風惟莠驕驕亦通作喬揚子田甫田者莠喬喬

遥姚愉　上餘招切遠也中餘昭切舜姓下[陽遥][式朱]切已見

○遥與姚通漢書禮樂志雜變竝會雅聲遠姚亦通作傜漢書英布傳傜謂布何苦而反趙充國傳兵難傜度

傜繇

此餘昭切傜役也繇隨從也（說文作繇）○詩大雅民亦勞止箋云繇役煩多也釋文本亦作傜漢書高帝紀常繇咸陽師古曰繇與傜同古通用字（亦作繇漢書宣帝紀擅興繇役）

謠繇

此餘昭切徒歌曰謠繇見前○謠通作繇漢書李尋傳人民繇俗師古曰謂若童謠及輿人之誦

飄票縹

上撫招切回風也下撫招切說文作㶾火飛也

詔招

[illegible]

昭炤

上止遙切明也下之少切同照明也○昭同炤禮記中庸斯昭昭之多[illegible]

九辨之

辨通二

四三

下敫紹切帛青白色○飄通作票漢書禮樂志票然逝師古曰票然輕舉意亦通作縹漢書揚雄傳縹縹有淩雲之志

[illegible]

橋喬　丝巨嬌切○通志氏族略喬氏即橋氏後周文帝作相命橋氏去木爲喬義取高遠愚攷漢陳球碑司空喬乎乎本橋氏碑已作橋蓋不始自後周也二字古蓋通用

[illegible]

妖姚　上於喬切蠱也下餘昭切○妖冶一作姚冶二字通

[illegible]

迪迚

崤巀肴　𡖖何交切。二崤山名。巀，雜也。肴，骨體。又葅也。〇元和郡縣志：東崤去西崤三十五里，在秦關之東，漢關之西。通作巀。左傳僖三十三年：晉人及姜戎敗秦師于巀。亦省作肴。漢書王莽傳：肴黽之險。

蛟交　𡖖古肴切。蛟，龍屬，交合也。〇蛟省作交。漢書高帝紀：則見交龍于上。史記省作蛟。

膠綵　上古肴切。膠，漆。下巨鳩切。急引也。〇膠通作綵。詩小雅：德音孔膠。禮記作綵。禮王制：周人養國老于東膠。鄭注亦作綵。又太學也

巴芭 玆布交切包裹也芭艸木叢生也○巴與芭通書（五經文字云芭經典或借爲巴裹字）禹貢艸木漸包儀禮既夕禮芭二注所以裹羊豕之内莊子天運篇芭裹六合釋文云芭本或作包陸賈新語芭之以六合注芭與包同又書禹貢艸木漸包易蒙卦包蒙泰卦包荒釋文並（又）作芭論語集解包氏皇侃本作芭氏二字通用○郭忠恕佩觿曰艸木之芭不當用厥包之包芭平表反包班交反截然爲二然經典俱通用今仍之愚案古來通字不拘四聲而芭字亦無讀作上聲者惟詩大

雅寶方寶芑叶卜好字未可以此限通例也

〇勦巢　上楚交切勞也下鉏交切鳥穴〇書甘誓天用勦絶其命釋文云勦馬本作巢勦與巢古通

嘲啁　並陟交切嘲謔也說文啁嘐也〇嘲通作啁漢書東方朔傳與枚皋郭舍人俱在左右詼啁而已師古曰啁與嘲同

庖包　上薄交切廚也下布交切見前〇庖通作包易姤卦包有魚繫辭古者包犧氏之王天下也然與庖同

騷搔　並蘇遭切騷愁也搔爬也〇吳志陸凱傳所在搔

莸芼　[illegible]　别作芼卯二字古通

皋羔　並古勞〇[illegible]二字古通用

蒐蒿　並呼毛切蒿[illegible]人里也蒿蓬蒿〇[illegible]里之通作蒿里

九辨九　辨通一　四五

擾借擾爲騷

螯敖　丝五勞切（螯蠏大足敖遊也）○螯蠏大足省作敖荀子勸學篇蠏六跪二敖

熬敖　丝五勞切熬煎也敖見前○荀子富國篇天下敖然若燒若焦熬省作敖

峩俄　丝五何切峩山高皃俄俄頃速也○峩借作俄漢書揚雄傳俄軒冕雜衣裳

佗它同

俄蛾　丝五何切俄見前蛾蠶娥○漢書班倢伃傳蛾而大幸借蛾爲俄

覶覼 [illegible]

儺難　上諸何切驅疫也亦那干切不易也○周禮春官遂命始難毆疫禮月令季夏命國難又天子乃難又季冬命有司大難注難與儺通

何訶侯　上胡歌切譙也中呼何切譴責也下户鈎切已見○何通作訶漢書賈誼傳在大譴大何之列注何詰問也亦借作侯呂覽觀表篇今侯渫過而弗辭司馬相如封禪頌君乎君乎侯不邁哉注侯何同

訶苛　上呼何切見前下胡歌切政煩也細○訶通作苛（漢）

九辨九　　辨通一　　四六

苛荷

書王莽傳拒门僕射苛问不遜李廣傳亭長苛之

按乎歌切苛見前荷芙蕖也〇苛通作荷漢書（詩關雎序衣羽注之苛釋文云本亦作荷）鄗作荷

食其傳控趣好苛禮師古曰荷與苛同細也

磨摩

按莫婆切磨治石也摩揩也〇論語磨而不磷漢

州輔碑作摩詩衛風如琢如磨釋文云本又作摩

又左傳摩厲以須漢書食貨志不得摩取鎔爲梅（董仲舒傳摩民以誼）

福傳厲世摩鈍註與磨同

吪訛

按五禾切吪動也訛本作譌謬也〇詩王風尚寐

無吪釋文云本亦作訛小雅或寢或訛釋文（玉篇）引詩

作吪又廣韻吪化也書堯典平秩南訛注云訛化
也詩豳風四國是吪傳云吪化也釋文云本亦作
訛二字古通

訛僞上五禾切見前下危睡切詐也○訛借作僞周禮
夏官馮相氏中夏辨秩南僞漢書王莽傳以勸南

波播上博禾切水通流也下補過切揚也○滎波澤名
書滎波既豬史記禹本紀作滎播禹貢北播九河
漢書地理志作波

和咼　上戶戈切，順也。下苦媧切，説文：口戾不正也。○淮南子説山訓：咼氏之璧。借咼爲和。

霞瑕赮　上胡加切。霞，赤氣騰爲雲。瑕，玉玷。赮，赤色。○揚雄賦：翕清雲之流瑕（文選作霞）。漢書天文志：雷電赮蚕坛與

霞通

遐瑕（假）　遐，上胡加切，遐，遠也。瑕，見前（下七正切非真也）。詩邶風：瑕不有害。謂其傳云：瑕，遠也。禮表記：瑕不謂矣。詩本作遐。二字古通。亦通假。揚子：假言周于天地。注：假作遐（徐鍇注説文曰：遐或通用假字）。又登遐之遐，經典皆通用假。禮曲禮：天王登假。郝

茄伽 求迦切○釋伽也都作罒
都是其年育蒲旧茶從
茄乎注茄伽古字通
古伽也以

氏曰登上也假已也上已者若仙去云尒列子黄帝篇而帝登假穆王篇世以爲登假焉莊子德充符篇彼且擇日而登假焉大宗師篇是知之能登假于道也詩下武箋曰此三后既殁登假皆作假字

遐假 上胡加切見前下說文古疋切至也○漢書禮樂志假狄合處師古曰假即遐字漢楊統碑假爾莫不隕漢武班碑商周假蘊縈陽令楊君碑假爾念邢皆以假爲遐

爬杷 上蒲巴切爬搔也杷收麦器○爬通作杷漢書貢

禹傳捽中杷土郊祀志注手杷土也

佯陽詳 上與章切詐也中與章切陸陽下似羊切審也○史記齊世家小白佯死古借作陽禮檀弓陽為義之漢書高帝紀陽尊懷王為義帝又借作詳史記殷本紀箕子詳狂為奴楚詞九歌蘇詳聾而不聞

徉羊 [illegible]與章切彷徉徜徉見羊部系毛畜○楚詞招魂彷徉無所倚或通作洋史記吳王濞傳方洋天下

詳翔 [illegible]似羊切詳見前翔布翅也○漢書西域傳道里

遠近翔實矣師古曰翔與詳同假借用耳

祥羊

上似羊切吉也下與章切見前○洪丞相隸續云漢代器物多以羊為祥說文羊祥也元嘉刀銘宜侯王大吉羊祥亦作羊

香薌

注許良切香芳也薌穀氣○禮合體薌史記滑稽傳微聞薌澤荀子非相篇芬薌以送之注與香通

房防

注符方切房室也防禦也○史記項羽紀楊武為吳防侯漢書地理志作房孟康曰本房子國漢書武帝紀芝生殿內防中溝洫志築宮其上名曰宣防塞兮萬福來

方竝方

竝與房同

菖昌竝尺良切菖菖蒲郎蓀也昌盛也○左傳僖三十年

享有昌歜昌與菖同

驤襄竝息良切驤馬騰之低昂躍也襄贊也○漢書鄒陽傳交龍

襄首奮翼省驤爲襄

廂箱竝息良切廂東西序也箱箱篋○廂通作箱儀禮

公食大夫禮公揖退于箱擯覲禮視于東箱漢書

鼂錯傳趨避東箱周昌傳呂后側耳于東箱聽注

正寢之東西室皆曰箱言如箱篋之形

[illegible]

妝莊 𧷑側羊切妝飾也莊端嚴也○司馬相如上林賦

靚莊刻飾莊與妝通

嬙廧 𧷑慈良切嬙（嬪嬙婦官也）廧与牆同垣蔽也○齊策室有

毛廧西施栽借廧為嬙

（惟匡）疆京 上巨良切壯盛（健）也下舉卿切已見○山海經北方

神名禺疆莊子注作禺京二字通

（堂上）廊郎 𧷑魯堂切廊廡也郎男子之稱○漢書董仲舒傳

遊于巖郎之上晉灼曰堂邊廡巖郎謂巖峻之郎

也東方朔（司馬相如）傳署（陛下衆）郎臺惟恐其不高師古曰郎堂下

乙辟乙

辨通一 四九

周廟也鍾繇宣示帖芻蕘之言可擇郎廟廊亦作郎

滄倉 七岡切倉穀藏也○揚雄甘泉賦東燭倉海省滄爲倉

蒼倉 七岡切蒼深青色倉見前○詩王風悠悠蒼天釋文云蒼本亦作倉禮月令駕倉龍服倉玉漢書禮樂志左倉龍皆以倉爲蒼

注蒼竹作倉見宋人相承[illegible]

岡院

㼹康 苦岡切㼹瓠陶器康樂也○㼹通作康爾雅釋器康瓠謂之甈賈誼弔屈原賦斡棄周鼎而寶康瓠

慕羌 悵荒

遑皇偟 丑胡光切 遑遑急也一曰暇也 皇大也君也 偟仿偟 ○ 詩小雅不遑啓處 左傳昭三十二年引作不皇 爾雅釋訓又作偟 注暇也 揚子忠孝之人偟乎不

遑通作皇 書無逸無皇曰今日耽樂 左傳昭七年社稷之不皇 注皇暇也 漢書哀帝紀未皇寧息 又周書來遑暇食 周語作皇

偟（翌）通（字） 丑与遑

潢滉 丑古黄切 潢潢武皃 滉水涌也 ○ 潢通作滉 詩大雅武夫滉滉

棠○堂 丑徒郎切 ○ 楚棠邑伍尚所封 漢書地理志作堂

閬○阬 上古郎切 山脊 下客庚切 壍瀆也 ○ 漢書揚雄傳陳眾軍于東阬 注阬讀曰閬

湯蕩 上吐郎切 下徒朗切 ○ 漢書地理志河内郡蕩陰 師古曰蕩音湯 又作湯陰 二字古通

睚眶 又見[illegible]

九辨九

辨通一

卒

九辯九

恇匡 並去羊切恇怯也匡正也○禮禮罴罘不匡懼恇

省作匡

茫芒（惝） 上莫郎切茫滄芒芒（之廣大皃下武方切）艸端也（下莫郎切怖也）○茫通作芒詩商頌

洪水芒芒陸機歎逝賦何視天之芒芒亦通作惘列子楊朱篇惘然[illegible]

鋩芒 上莫郎切鋩刀端下武方切見前○鋩省作芒後

漢書陳忠傳氣沖針芒張載七命建雲旗倚雄芒

注芒鋒刃也

邙芒 上莫郎切北邙山名芒見前○後漢書蔡王祉傳

葬于洛陽北芒芒與邙通

[illegible]荒

荒芒肓 上呼光切中見前下呼光切心上鬲下也○楚辭哀郢荒忽其焉極通作芒莊子至樂篇芒乎芴乎而无從出乎亦通作肓史記扁鵲傳搦髓腦揲荒

肓荒 肓亦作荒注荒膏肓也

㡆荒 並呼光切㡆帞掩謂巾幕之屬可掩覆者荒見前○禮器大記帷荒注荒蒙也在旁曰帷在上曰荒

荒與㡆通

印盎 上五剛切印印君之德也下烏浪切盎也○詩大雅顒顒印印韓詩外傳作盎盎

彷彷 並步光切○彷徨亦作彷偟莊子司馬相如傳彷偟乎海外注猶彷徨也

滂汸 汸說文云古文滂字也荀子富國篇汸汸如河海

九辨九

[illegible]

[illegible]

[illegible]

橫衡 上戶盲切縱橫也下戶庚切平也○縦橫衡古字

通詩齊風衡從其畝史記蘇秦傳合從連衡

黌橫 並戶盲切黌學舍也橫闌木○漢書鮑德傳修起

橫舍 借橫為黌

鍠喤 並戶盲切鍠鍾鼓聲也喤小兒泣聲○鍠通作喤

詩周頌鍾鼓喤喤

平便辯 上蒲兵切正也中婢面切利也下符蹇切理也

○書堯典平章百姓史記五帝紀作便章或作辯章又平秩

東作平秩南訛（訛）平在辯秩索隱曰古文尚書作平平

旣訓便因作便其今文作辯章古文平字亦作便

便則訓辯遂爲辯章又漢書武帝作便门橋注便

平秩東作平秩南訛史記皆作辯秩又

门平门也

平秩之因八平秩字作平秩南訛本秩冒

生世

世上所庚切生長也下於制切代也○生借作世列子

天瑞篇亦女人自世之老皮膚亦爰隨世隨落注

世與生同

倒衍從文倒從衍從行省作衍○又衍字之倒省作衍省禾作禮記述見前

鯨京

上渠京切海大魚也下舉卿切見前○漢書揚雄

傳騎京魚省鯨爲京

蘅衡

上户庚切杜蘅香艸衡見前○蘅省作衡宋玉賦

硿𥓓土口莖切ㄟㄟ少人見下胡忠切
同腔嗙蹉也〇硿亦作跫
吾考足空之借張其跫ㄟ之
興解而開大呼之聲之長
好書作硿

氓萌

江蘺秦衛司馬相如賦其東則有蕙圃衡蘭注莫耕切氓民也萌艸芽〇氓通作萌史記周本紀以振貧窮萌隸樂毅傳施及于萌隸漢書劉向傳氓萌何以戒勉酷吏傳萌遯于吏管子其人力同而宮室美者良萌也注與氓同

讀成ㄟ之擇其所釋爲ㄟ小篆偶
成ㄟ渻地非是同成ㄟ字也

宏谹閎

注户萌切宏大也谹谷中響閎衖頭门也〇宏通作谹（閎）漢書司馬相如傳崇論谹議史記作閎漢書（律歷志）落下閎華陽國志作宏韓文閎中肆外亦與宏同

盈嬴 並以成切盈充滿也嬴[illegible]之姓○盈与嬴通[illegible]
[illegible]

頳竀 並丑貞切頳赤色也竀說文正視也○[illegible]
[illegible]

情請 上疾盈切人欲之為情下七性切廣韻又疾盈切受也○史記禮書請文俱盡徐廣曰古情字多假借為請諸子中多有之

程呈 並直貞切程式也呈示也○史記秦始皇紀上至以衡石量書日夜有程不中呈不得休息呈與程通

泠伶 並郎丁切伶官樂官也泠水名○左傳成九年晉侯見鍾儀問其族曰泠人也又伶倫古樂師亦作泠淪

傾頃 上去營切傾敧也頃田百畝也又傾頃○傾頃古

九辨乙　辨通一　五三

大亰大通書禹貢西傾因桓是來漢書地理志作西頃詩周南不盈頃筐漢書禮樂志嚴霜頃聽茲與頃同

〇征正政

上諸盈切賦也中之盛切是也下之盛切政教〇征通作正周禮夏官（司勳）惟加田無國正注正音征稅也稍加賞之田無稅（釋文云本又作征）亦通政地官均人掌均地之政注政讀為征謂地守地職之稅也

觲騂

上息營切觲角弓兒（一曰調和也）騂牲赤色〇觲通作騂詩小雅騂騂角弓注調和也

經徑

上古靈切徑也下古定切步道（又直也）〇左傳僖二十五

年趙簡子以壺飧從徑餒而弗食正義曰劉炫改徑爲經謂經歷飢餒史記高祖紀被酒夜徑澤中索隱曰徑舊音經楚辭招魂徑堂入奧注徑一作經經與徑古通

渟字[illegible]

停渟

並特丁切停止也渟水止曰渟○後漢書趙岐傳渟車呼與共載停渟字通

伶泠

寧甯

上奴丁切安也下乃定切邑名亦姓說文所願也寧甯古字通漢書王莽傳亦以康甯春秋寧毋一作甯毋史表寧陵漢書作甯陵史記寧戚漢書作

銅

戍

烝蒸

丠煑仍切烝衆也蒸折麻中幹也又麤曰薪細曰蒸○詩大雅天生烝民孟子作蒸民蒸与烝通惟薪蒸字無作烝者

承丞

丠署陵切承受也丞副貳也○左傳哀十八年楚右司馬子國帥師而行請承注承作丞佐也史記張湯傳于是丞上指本或作承

懲徵

𨑨上署陵切懲忘也下陟陵切召也驗也○懲通作徵史記建元以來侯者表荊荼是懲索隱曰徵音

懲漢書溝洫志穿渠自徵師古曰徵音懲荀子正論篇凡刑人之本禁暴惡惡且徵其未也○通作征史記三王世家非教士不得從徵

陵 淩 輘 陖 註力膺切陵乘也淩氷凌○史記司馬相如傳飄飄有凌雲氣揚雄賦陵堅氷注與陵同

掤 氷 註筆陵切掤箭筩蓋氷凍也○詩鄭風抑釋掤忌疏云掤箭筩也通作氷左傳昭二十五年執氷而踞注氷箭筩蓋可以取飲

凭 凴 註皮氷切凭依几也凴當作馮託也○書顧命凴

辨通一　　五十五

繒
增 註作滕切 增矢田矢也 註繳
于矢謂之增 增者帛之總
名○三輔黃圖作飛其[illegible]
張以射雁增與繒通

曾 增 徵 征

玉几說文引作繒二字通用

註作滕切增益也曾則也○（上）（增）（曾）（加）（也）（則）孟子曾益其所不能 蒋爽音義曾讀作增

僧 曾 增上 昨棱切 級也 重屋 中下註作滕切見前○（二）（字）曾 古通 亦通作增 作曾

通史記司馬相如傳登入曾宮之嵳峩漢書張衡

傳登閬風之增城兮文選作僧城 揚雄甘泉賦增 楚辭天問增城九重

宮參差

九部
九 [illegible]

[illegible]

滕 縢 註徒登切 滕囊可帶者 滕束也 行滕邪幅也○後

漢書儒林傳制為滕囊注即滕也 葢通字

楸 萩 註七由切 楸木名 柏葉杻身 萩蕭也○楸通作萩

漢書貨殖傳山居千章之萩 荀子禁藏篇當春三
月萩室熯造注云萩木臭以辟毒氣故燒之新
造之室

悠攸繇

悠以周切悠悠行皃攸所也繇從也（悠遠也。下作同[illegible]）弔餘切○悠
通作攸漢書敘傳攸攸外寓孟子攸然而逝亦通（師古曰悠悠遠皃）
繇韋孟詩犬馬繇繇

猷猶

猷以周切猷謀也猶尚也○詩大雅我視謀猶又
匪大猶是經猷猶通○案書盤庚其猶可撲滅古
文尚書作猷蓋猶即猷字移犬于左耳後人始以

[illegible]

由繇 上以周切從也下[illegible] 由古通繇[illegible]

囮 [illegible]

辨通一　五六

九辨八

猷為謀猷字猶為尚可之辭不相通用

猶由 注以周切猶見前由從也○猶由經典通用如于由反手也王由是用為善是也

游繇猶 注以周切優游自如皃通作繇漢書敘傳陸子優繇亦作猶荀子優猶知足 繇猶見前○

蝣蝤 注以周切蝣蜉蝣蝤蝤蠐○漢書王襃傳蜉蝤出以陰蝤與蝣通

修脩 注息流切修理也脩脯也長也○二字通用惟脩脯字不通

抽紬　上丑鳩切引也下直由切大絲繒○抽通作紬史記太史公自序紬史記石室金匱之書漢書谷永傳燕見紬繹師古曰紬讀若抽紬繹者引其端緒也

醻讎　上市流切醻酢讎仇讎○戰國策優之讎非注與醻酢同

丘區　上去鳩切阜也聚也下豈俱切域也又居止之所曰區○丘區古字通晉陸機詩譜厥區宇晉書所載若干丘即若干區

九辨九

辨通一

五十七

尤韻九

鄒騶 並側鳩切 鄒 七邾婁國 騶 廄御也 ○ 鄒通作騶 史記孟（荀列）傳 孟子騶人也 亦以騶為鄒 二字古通

漢書地理志魯國騶 故邾國 注 說文作鄒 注云魯縣 古邾國 洪氏隸續云 太史公孟荀傳有三騶子 史記作鄒 續漢郡國志同 孟子家有騶虞班史

儔疇 並直由切 儔 衆也 侶也 疇 田一井爲疇（又誰也） ○ 漢書韓信傳 其疇十三人 疇與儔通

咻休 並許尤切 咻 （痛念）聲 休 美善也 ○ 咻與休通 左傳昭三年 民人痛疾而或燠休之 注 燠休 痛念聲

謳嘔 並烏侯切 謳 吟也 歌也 嘔 唲小兒語也 ○ 漢書朱買臣傳 數止買臣毋歌嘔道中 嘔與謳通

鷗漚 並烏侯切 鷗 水鳥 漚 水小泡 ○ 列子黃帝篇 海上

儔

稠綢 並直由切 稠 密也 綢 ○ 說文 綢 繆也 字也 與稠通

惆 ……

糾（增） 九 ……

桅檣

佊迨

之人有好滬鳥者滬與鷗同

句區鉤　上古侯切曲也中烏侯切量名下古侯切劍鉤○

句通作區禮樂記區艸木茂區萌達注屈生曰區

直生曰萌亦作鉤揚雄賦騁鉤芒而驂蓐收

兜吺頭　上中並當侯切吺輕出言也下度侯切○驩兜

四凶之一史記作鴅吺杜詩昔罪誅共吺韓詩開

弓射鴅吺又作讙頭山海經驩頭國注驩頭堯臣

也又史記年表宋景公頭曼漢書古今人表作兜

古本尚書……說文口部吺字下……注曰古文尚書驩兜字作吺

欒

九辨九　辨通一　五八

裒掊 並薄侯切裒聚也掊把也○裒通作掊詩大雅曾是掊克注聚歛也

○蝥年 並莫浮切食苗根蝥年過也大也○漢書景帝紀侵年苐氏李奇曰侔食根蝥也侵年食民比之蝥賊則年乃借字今多通用

燖尋 並徐林切燖火熟物尋求也○左傳哀十二年吳使人請尋盟子貢曰盟可尋也亦可寒也注尋溫也前盟已寒更溫之使熱与燖義同

入去聲

妊任 並女林切妊孕也任當也○史記鄒陽傳注紂剡

任者觀其胎產任與姙通

捦禽　竝巨金切　捦捉也　禽禽獸○史漢凡捦字通作禽（記五帝本紀注禽殺蚩尤以禽亦作擒此所以為禽也禽與擒同史）

崟嶔　竝魚金切　嶔崟山高皃　崟亦崟字　峨也○穀梁傳僖三十三年必于殽之嶔崟之下　釋文云崟本亦作崟　孔子歌䮂彼鳴鸛在嶔山之崟　竝與崟通

戡堪龕　竝口含切　戡克也　堪可也　龕塔也　盛也○書西伯戡黎　郭璞爾雅注引作堪　亦通龕　揚子劉龕南陽　竝與戡通

諶譚　上徒甘切　語也　下徒含切　大也　又國名○莊子則陽　魏志管輅傳此老生之常譚

沈湛平聲又

姙任平聲又

陰蔭　工於金切　闇也　又陽之對　下於禁切　蔭也○左傳昭元年趙孟視蔭曰朝夕不相及　杜注蔭日景也　釋文云蔭於金反　本亦作陰　漢書五行志引此作　師古曰蔭讀與陰同

驂參　竝倉含切　駕三馬曰驂　參謀度也○驂參七通用　字史記張釋之傳召釋之參乘　漢書作驂

媅湛

九辨九　辨通一　五九

九辨九

陽篇夫子何不譚我于王前晉書由斯以譚並典

誤通

潛漸　上昨鹽切藏也深也下慈冉切稍也又子廉切漬也○書洪範沈潛剛克左傳史記皆作沈漸蓋假

借字

拑箝鉗　並巨淹切拑脅持也箝籋也鉗鋸鉗○三字義訓各異史書多通用漢書鼂錯傳天下之士拑口

而不敢復言矣通作箝異姓諸侯王表箝語燒書

亦通作鉗袁盎傳閉鉗天下之口漢書作箝後漢

書袁紹傳百辟鉗口

謙㵴
㦖㦖

函咸

𢈔切讒切函𠥵也咸皆也○函通作咸周禮秋官
伊祁氏共杖咸注咸讀曰函以此藏杖也

饞嚵

上士咸切饕也下鉏銜切說文小啐也○韓詩
卷八九言饞名嚵与饞通

嶃
嚵漸

上鉏咸切高巖也下見前○嚵嶃通作巉詩小雅漸
漸之石釋文亦作嶃嶃

馬融曰中表凡含口中含物皆曰銜又

銜嗛

𢈔户監切銜恨也嗛或曰有所銜也○銜通作
見前
嗛根也史記外戚世家景帝恚心嗛嗛而未發注

九辨九　辨通一　卆

慊音銜說書佞幸傳太后由此慊韓嫣

○嫌慊 工戶兼切說文不平於心也一曰疑也下苦簟切恨也○謙通作慊說書趙充國傳媮得避慊之便師古曰慊亦嫌字

○謙嗛 工苦兼切不自滿也下說文戶監切口有所銜也○謙通作嗛嗛之德注或作謙說書藝文志易之嗛嗛師古曰嗛與謙同尹賞歸傳溫良嗛退莊子齊物論大廉不嗛其與謙同師古曰嗛古以為謙字

巗巖並上五銜切巖峻也下語杴切敬也○左傳隱元年制巗邑也釋文巗本又作巖巗與巖古通

辨通一　　字一

字學九辨卷之十一

吳郡吳翌鳳詮次

辨通第五之二

上聲

董蕫　並多動切董正也督也蕫蕫艸似蒲而細○二字古通書大禹謨董之用威古文尚書作蕫爾雅釋艸蘱薡蕫釋文云本亦作董

蠓幪　上毋總切蠓蠛蠓亦謂之醯雞下莫紅切王女艸又覆也○司馬相如賦蔑蒙踊躍蠓省作幪

孔空　上康董切穴也下苦紅切虛也○孔通作空周禮

攷工記玉人眂其鑽空史記大宛傳張騫鑿空注
西域本無道路今鑿孔而通之也莊子罍空之在
大澤注空小穴𠀤與孔同

稯總 𠀤作孔切稯禾束聚也總括也○書禹貢百里賦
納總注禾稾曰總入之供飼國馬總與稯通

寵龍 上丑隴切愛也恩也下力鍾切鱗蟲之長○寵通
作龍詩魯頌何天之龍

擁雍 上於隴切說文作𢹂抱也雍於容於用二切已見
○漢書夏侯嬰傳面擁樹馳注南方謂抱小兒為

雍樹面偝也雍抱持之令面偝己而抱之以馳雍

諺曰擁

壅雝 雍廱 上於隴於用二切塞也又障也下三字已見

○壅通作雝詩小雅維塵雍兮亦通作雍周禮秋官雍氏穀梁傳毋雍泉史記秦始皇紀先王知雍蔽之傷明也漢書武帝紀雍于上閡壅皆作雍亦通作廱漢書五行志廱河三日不流師古曰廱讀作壅

媷茸 上而隴切傝媷不肖也一曰劣也下而容而隴二

八韻二

切艸生皃○𦳝通作茸漢書賈誼傳闒茸尊顯桓寬鹽鐵論賢知之士闒茸之所惡也

覂泛　上方勇切反覆也下孚梵切汎同浮皃○禮記正義序覂駕之馬設銜策以驅之通作泛漢書武帝紀泛駕之馬師古曰泛本作覂後通用耳

踊涌　上余隴切踊跳也涌滕水上溢○詩邶風踊躍用兵通作涌漢書李尋傳涌趯邪陰注涌與踊同趯與躍同

慫聳　上息拱切慫慂也聳高也○說文引春秋傳駟氏

㴇今左傳昭十九年作駟氏䶇又昭六年䶇之以
行漢書刑法志作㴇二字蓋通用

詾匈 上許拱切說文衆言也下許容切說文膺也今作胷
○詾通作匈漢書東方朔傳君子不爲小人匈匈
而易其行注讙譁之聲

砥底 上諸氏切磨石也又平也下職雉切致也定也是也○
𥁕詩小雅周道如砥孟子引作底漢書梅福傳爵
祿天下之底石蕭望之傳底厲鋒鍔注與砥同

軹只 上諸氏切軹轂末只語已辭○只通作軹莊子大宗

時復華夏天下廣浦方外
猶人言日月精術
与時日

九辨一

師篇許由曰而吳來爲軼注軼亦同註辭

是氏

上承紙切是非之對氏姓氏〇漢書地理志玉予孫氏爲莊以師古曰氏與是同後漢書李雲傳滑其人則五氏秉儀以氏爲字是吳北海是儀本氏氏後改爲是二字古通

詭恑　恑

上過委切詭詐也恑戾也（恑變也）〇二字古通穀梁傳晉侯詭諸本釋文云詭左氏作恑荀子賦篇天下不治請陳恑詩楊倞注請陳詭異激切之辭言天下不治之意也亦通作恑陸機辨亡論士〻詭趣注

[illegible]

亥也同髡

豸止　上池爾切，有足曰蟲，無足曰豸。又下諸帝切，已也。○左傳宣十七年：庶有豸乎。注：豸，止也。莊子在宥篇：災及艸木，禍及蟲止。與豸同。

俾卑　上并弭切，使也。下府移切，下也。○詩小雅：俾民不迷。荀子引作卑。

邇爾　上兒氏切，邇，近也。爾，汝也，又語辭。○詩大雅：莫遠具爾。注：爾，近也。儀禮燕禮：君南鄉爾卿，卿西面北上；爾大夫。注：揖而移近之也。漢書藝文志：爾雅三

睥俾　[illegible]

九辨卄

辨道二

九辨一

卷二十篇張晏曰爾近也雅正也儒林傳文章爾雅師古曰爾雅近正也邇爾古通

弭彌 上綿婢切弓末又息也下武移切益也○周禮春官小祝彌災兵漢書李廣傳彌節白檀彌與弭通

敉弭 上莫爾切敉撫也安也弭見前○儀禮士喪禮注亟掌報弭以除疾病注弭讀爲敉安也二字通用

跂企 上丘弭切跂舉踵也企望也○詩跂予望之楚辭章句作企二字通

底耆 二底 上職雉切見前（中都禮切下也）下渠脂切老也○詩周頌耆定爾（底通作底書底滾底平底定底慎注並訓理志俱作底二通者）

跬窺 次 上夫藥切半步也下去隨切小視○跬作作窺注並見夫形律詩者武虞轉兵未有所窺左之而出去處乃注窺同跬半步也 收 博

香叔 [illegible]

功傳云耆致也[illegible]通

几机

𦠆居履切。几案。虎机木名。○几通作机。易渙卦：渙奔其机。注：承物者也。左傳昭五年：設机而不倚。注：俯察机筵。注：机作几。

定元年[illegible]

莊子齊物論隱机而[illegible]

簋匭

𦠆居洧切。簋黍稷圓器。匭匣也。○簋與匭通。史記李斯傳：飯土匭。○索隱引說文：古匭字。皆古文。

亦作簋

簋字今說文無此條

宄軌

𦠆居洧切。[illegible]外為盜，內為宄。軌，車轍。○周禮秋[illegible]

外為軌。釋文云：軌本亦作宄。史記五帝紀：寇賊姦軌。正義曰：軌亦作宄。漢書元帝紀[illegible]

服虔曰：軌與宄同。

姦宄

姦宄通作姦軌。左傳成十七年：亂在內為姦，在[illegible]

漢書元帝紀[illegible]用法行而姦軌

辨通二 五

[illegible]韻下

屎矢　屎式視切屎說文作菌从艸胃省糞也矢弓弩矢也○屎本唸吚吚字譌文俗用為菌字莊子知北遊篇道在屎溺通作矢左傳文八年埋之馬矢之中史記廉頗傳一飯之間三遺矢矣莊子以筐盛矢

以已　以羊已切以用也已止也○以已古互通荀子人之所已為人者何已也楊倞注已與以同孟子無以則王乎注以已通

悝里　悝良已切悝憂也里五十家共居止也○悝通作

李　理

里詩大雅云如何里傳云里憂也
走良已切○古者謂行人爲行理李亦曰行理左
傳僖十三年行李之往來注使人也本作行李漢
書天文志騎官左角曰理史記天官書作李管子
大理皆作大李二字古通

偫（峙）　跱

走直里切偫具也跱本作峙峙踞不前也○周語
單襄公曰偫而畚梮通作跱後漢書章帝紀所經
道上郡縣無得設諸（儲）跱注跱具也

峙　跱

走直里切峙峻峙（屹立也）跱見前○晉書三國鼎跱與

九辨　辨通二　六

梓按 梓舊樣林雅本吳作 梓古本亦作梓

大[illegible]

峙道

耔芓　壯祖里切　擁禾本也　下疾置麻母　一曰芓即枲也　○周禮天官甸師注耔耘芓也　借芓爲耔　漢書食貨志引詩或耘或芓　同

擬儗儀　上魚紀切　度也　中魚紀切　僭也　下魚羈切　宜儀　○擬通作儗　禮曲禮儗人必于其倫　亦通作儀　漢書外戚傳皆心儀霍將軍女　注心儀即心擬　吳曰儀也

儗疑　上魚紀切　見前　下語其切　惑也　○儗通作疑　史記蘇秦傳疑于王者　漢書食貨志遠方之能疑者竝

覆按一切經音義[illegible]

華而爭起注疑讀曰擬言與天子相比僭也又曾子時致篇言所儗作注儗讀爲疑二字互通

扆依　上於豈切畫斧屏風下於希切倚也○上曰衣下曰裳○禮明堂位天子負扆通作依禮曲禮天子當依而○五儀禮覲禮天子設斧依于户牖之閒鄭氏注云依如今綈素屏風也禮記曲禮天子當依而立釋文云依本又作扆漢書[illegible]南面背依揖秩而揖王[illegible]師古曰依讀曰扆

斐匪　上敷尾切斐文皃匪非也○大學引詩有斐君詩衛風作匪攷工記且其匪色注匪采皃

誹非　上敷尾切謗也下甫微切不是也○誹通作非漢書鼂錯傳非謗不治師古曰非讀曰誹史記平準

辨通二　七

九辨十

書不入言而腹誹漢書食貨志作腹非

榧棐 非數尾切榧文木棐輔也徐鉉注說文曰即弓檠也○榧通作棐晉書王羲之傳見其門生棐几滑淨即書之

斐棐 非數尾切見前○左氏春秋宣元年會于棐林公羊春秋作斐

篚棐 非數尾切筐箱屬方曰筐圓曰篚棐見前○篚與棐通漢書食貨志賦入貢棐師古曰棐與篚同

禦御圉 禦魚巨切拒也止也○御牛倨切使馬也圉魚巨切已

衘魚巨切行皃

見○禦亦通御詩邶风亦以御冬傳御禦也亦通

圉詩大雅曾是彊圉（禦）漢書外戚傳引作圉戰國策

治列圉寇亦亦漢書貨殖傳傳圉奪成富者爲雄傑

劉敞曰圉讀爲禦莊子繕性篇其来不可圉注圉

與禦同文通（学作）語（左氏）春秋鄭伯使其弟語来盟穀梁作

禦晋語至于禦兕漢書閩粵王傳作語兕越絶書

有語兕亭（又）亦借作衘周礼田僕注衘還之使不出圉釋文云衘本又作禦案禦通御亦

亦借衘釋名衘止也与禦同義漢北海相景君碑語衘以節楊君石门頌綏億衘彊禦亦作衘

圉圄

魚巨切圉見前圉圄圉○圉圄字通書禹貢西

傾朱圉漢書地理志作朱圄左傳孔圉公羊作孔

圉

敔 圉 並魚巨切 敔止樂之器 圉見前○詩小雅桃杞（敔通作圉）

圉 圍 與敔通（亦通作圉禮記樂記注 控楬謂柷圉也釋文云圉本又作圉）

秙 旅 並力舉切 秙自生稻也（同穭） 旅軍旅又眾也○秙通旅

（穭）後漢書光武紀嘉穀旅生注禾不因播種而生故（漢書天文志[illegible]旅[illegible]中[illegible]禾野生曰旅[illegible]）

回 旅 旅與秙通

膂 旅 並力舉切 膂脊骨也 旅見前○膂省作旅書旅力

既愆 詩靡有旅力

貯 著 上直呂切 積也 居也 下陟慮切 明著也○史記貨

穭 稆 [illegible]亦作旅[illegible]

生旅[illegible]禾[illegible]

穭[illegible]上力[illegible]○旅[illegible]

[illegible]

[illegible]

杼受○下呂切 左傳僖十三年注 杼即平不羊作□

殖傳積著之理又子贛廢著鬻財于曹魯之間註

與貯通

與予以

與予以上余呂切施與四中余呂切推予又賜也下羊

已切見前○經傳與予通用又借作以記虛禮君（爾雅釋詁注予猶與也）

曰以我安注以猶與也魏書李順傳與年行師當克

以不韓昌黎詩凡今之人急名以與注云韓文凡

與多作以

汝女 安

杼抒

紓神與切杼損也除也杼嫩也（杙杼之杼直呂切音佇）○杼

通作杼郭子曰杼意通恉 班固西都賦序或以杼

九辨十

下情而通諷諭字並从木

醑湑　並私呂切醑湑之沛者以筐盝湑曰醑（湑）以藪曰醑

湑露皃○詩小雅有酒湑我湑與醑通

（日改入　有）諝胥　上私呂切才智之稱下相居切相也

許所　上虛呂切可也下疎舉切處所也又語辭○二字

古通漢書張良傳父去里所復還（師古曰）直曰行一里許

而還（來）疏廣傳金餘尚有幾所師古曰幾所猶言幾

許也郊祀志銅人生毛一寸所古許所聲近故通

如詩伐木許許說文引作所所可證

拒距　距其呂切，拒捍也，違也。距，雞距。○論語其不可者拒之。漢石經殘碑作距。漢書汲黯傳詒足以距諫。馬援傳野羌欲旅距。距與拒通。

詎（鉅）巨渠　詎其呂切，豈也。巨其呂切，大也。渠强魚切，溝渠。○詎通作巨。漢書高帝紀公巨能入乎，師古曰：巨讀曰詎，詎猶豈也。又通渠。史記張儀傳且蘇君在，儀寧渠能乎。漢書孫寶傳掾部渠有其人乎。

詎

巨鉅　巨其呂切，巨大也。鉅大剛也。○史記甘茂傳臣以王

辨通

疑精明
疑皆

大鉅十

為鉅過矣漢書郊祀志上欲見鉅公張晏曰天子
為天下父故曰鉅公師古曰鉅大也二字古通

鉅詎遽（鉅）其呂切見前 其據切急也○鉅與詎通
（中上其據切年如下）（呂切見右）
戰國策曰以為王鉅速忘矣注鉅詎通亦通作遽亦作鉅
荀子正論篇是豈鉅知見侮之為不辱哉

炬苣 其呂切 炬束葦燒也苣藤草名○後漢書皇甫
嵩傳束苣乘城苣與炬通

敘序 徐呂切 敘次第又敘同述也序庠序（商学名）又爾雅東
西牆謂之序○敘借作序爾雅序疏敘陳也注之

旨孔子作書序子夏作詩序故鄭氏亦謂之序

亦借爲次敘字

緒序

丝徐吕切緒丝耑也序見前○韓昌黎貞曜先生墓銘緒序則見長而愈騫

弆去

丝羌舉切弆藏也去除也○弆通作去漢書蘇武傳掘野鼠去屮而食之注去收藏也陳瑩待性善書与人尺牘王嘗去以爲榮注去藏也

直文

俯府

丝方矩切俯俛頭也府說文文書藏也○俯通作府列子黃帝篇王府而視之荀子非相篇府然若渠堰

九辨 辨通二 十

大謝十

㯳措之已也注府猶通○案猶本作府邵氏曰古作府

黼斧

斧方矩切黼白黑文也斧戉也○爾雅釋器斧謂之黼注謂黼繡斧所以縫而質白黑其文通作斧揚子斧藻其德與黼同

甫父

上父方矩切一男子美稱下扶雨切矩也家長率教者○章甫冠名儀禮士冠禮注孔子為丘甫周大夫有嘉甫宋大夫有孔甫皆通作父又章甫冠名通注

中父其德父與甫同又皇甫複姓宋戴公之子曰皇父其後以為氏至秦改為皇甫

侮務

上文甫切慢易也下亡遇切事務○詩小雅外禦

其務務亏侮通

婗悔　說文甫切婗嫺也悔失意皃又愛也○婗通作悔

漢書張敞傳長安中傳張京兆着悔師古曰以嫺

好爲術蘇林曰悔音婗

咻休　上況羽休切噢咻痛念聲下許尤切美也息也○

左傳昭三年民人痛病疾而乘燠休之注燠休痛念

聲與咻同漢書休養生息亦此音

裎豎　丑呈庚切裎敞布襦也豎立也又僮僕之未冠者

○漢書貢禹傳裎褐不完荀子作豎褐

愈俞瘉 上以主切勝也中羊朱切然也下以主切病瘳○愈通作俞吴語越聞俞章注書禮樂志以湯止沸俞沸俞甚而無益食貨志百姓俞病荀子清之俞濁養之俞瘉又仲尼篇俞務而俞遠注瘉讀曰愈亦通作瘉漢書藝文志不猶瘉于野乎

瘉愈 並以主切見前○瘉病瘳也今通用愈字

祇侏

褸縷蔞 並力主切蔞又力俱切○襤褸衣敝也左傳宣十二年作藍縷綱目集覽曰藍縷襤褸通史記楚世家又作藍蔞

艣櫓

⿰度攵杜 徒古切說文⿰度攵閉也廣韻塞也杜木名甘棠也
○禮部韻略引漢書王陵傳⿰度攵門竟不朝請今本
作杜廣韻杜又塞也

虜鹵 郎古切虜虜掠鹵西方鹹地○漢書高帝紀毋
得鹵掠鹵與虜通

櫓鹵 郎古切櫓大盾也[illegible][illegible][illegible][illegible]鹵見前○漢官儀天子車駕次第謂之鹵簿兵衛以甲盾居外為
前導皆著之簿故曰鹵簿鹵與櫓通

[illegible]

詁故 上公戶切詁訓通古今之言而明其故也故下切舊也

九辨十 辨通二 三

九辨十

○説文詩曰訓詁孔疏訓詁傳者注解之别名詁者古今異言通之使人知也漢書揚雄傳少而好学不為章句訓詁通之而已亦作故陸德明曰詁訓舊本多作故藝文志有詩魯故二十五卷師古注故者通其指義也

賈估

賈公户切坐販曰賈賣售也估市稅又論貨物也○賈與估通後漢書靈帝紀帝著商估服飲宴為樂

忤迕午悟

也吳故切説文作啎屰也將上二字移此忤午五故切遇也午將下二字移於切字

寤五故切寐衣悟五故切心了○忤通作迕漢書良

故古暮切○語寤解交

古暮切古之人未作故交

[illegible]祖　上[illegible]切陰也陽也下側古切
○漢書[illegible]
[illegible]祖[illegible]

[illegible]　上[illegible]切物不周也下七[illegible]
[illegible]二切○[illegible]作[illegible]
[illegible]花園[illegible]

祖且　上側[illegible]切下[illegible]切○礼[illegible]
者且也[illegible]且字[illegible]
文字凡祖[illegible]作且

[illegible]　祖作

貨志好惡乖迕㣃迕違也亦通作午礼記哀公問

午其眾以伐有道又通作忤史記韩非傳忤[illegible]

而排擊注忤作忤

粗　觕　上祖古倉胡二切麤也下倉胡祖古二切説文牛角直下[illegible]

也又物不精也公羊傳莊十年觕者曰侵精者曰伐

○禮月令其器高以粗呂覽作觕

苦　楛　上康五切[illegible]麤也楛下侯古切音户木名堪為矢幹○物之濫惡

者曰苦考工記辨其苦良齊語辨其功苦韋注功牢

也苦脆也通作楛荀子勸学篇問楛者勿告也告

九辨十　辨通二　[illegible]

九辨十

者勿問也說栝者勿聽也注栝康五切音古

溥普敷 上滂古切大也廣也中滂古切徧也下芳無切已見○詩小雅溥天之下孟子引書作普亦借作敷書禹貢禹敷土荀子成相篇作禹溥土

○榘倨 上俱雨切正方之器下居御切傲也○禮記倨中矩史記樂書作倨之乃借字

澧醴 上盧啟切澧水名醴之泛○書禹貢東至于澧漢書地理志作醴列子殷湯篇甘露降澧泉涌醴亦作澧二字互通

醍緹　上徒禮切，酒紅色；下徒禮、杜奚二切，帛丹黃色○周禮天官酒正四曰緹齊注云緹者成而紅赤也緹與醍通

泜濟
抵邸氐　並都禮切抵擠也又至也邸舍也氐本也○抵借作邸史記河渠書西邸河口為渠又大抵猶大凡也漢書作大氐並與抵同

牴觝抵氐　並都禮切牴觝㊀觸也抵氐見前○史記李斯傳作角觳牴優俳之觀漢書武帝紀作角抵注云角者角力抵者相抵觸也張騫傳作角氐

辨通二　十五

沛°濟　𠀤子禮切　水名○漢濟陰濟南二郡𠀤以濟水得名字當爲沛　師古曰沛即濟水誤　當是借字　詳見辨異

洒洗　上先禮切　說文滌也　古文以爲灑埽字　今作所蟹切　下本蘇典切　說文[洗足]也　亦作先禮切○莊子山木篇去皮洒心　釋文云洒本又作洗　此亦通字漢通曰洒即洗字誤

洒灑　上先禮切　見前　下所蟹切　汛也○揚子巢父灑耳　灑與洒通

𥧌眯　𠀤莫禮切　說文𥧌寐而未厭也　廣韻眯物入目中　當𥧌通作眯　莊子天運篇彼不得夢必且數眯焉　注眯魘夢也

瘣壞　上胡罪切木病也下胡怪切毀也○詩小雅譬彼坏木壞与瘣同

嶊嶉　上子罪切嶊嶉山皃下嶵通切𡾟○亐馬和如上林賦嶊崣崛崎亦省作嶉莊子齊物論山林之畏佳注畏嶊也李頤云山阜皃釋文祖罪反

怠殆　上徒亥切怠惰也下危也○怠通作殆左傳昭五年注敝並休殆

菌箘　上渠殞切菌美竹箘地蕈似釘蓋者○呂氏春秋越輅之箘注竹筍也箘通作菌

九辨一　辨通二　六

裍麇 上苦本切 說文 秦束也 又滿也 下居筠切 麇也○
齊語 裍戴而歸 通作麇 左傳哀二年 羅無勇麇之
注 麇 束縛也
閔慇 上眉殞切 閔憂也 慇痛 慇又恤也○春秋魯閔公
史漢通作慇
黽閔 上眉殞切 黽勉也 閔見前○漢書谷永傳閔勉遁
樂借閔為黽
隕殞 上于敏切 隕墜也 殞殁也○詩大雅亦不隕厥問 釋文作殞 潘岳秋興賦井梧於夕殞
殞与隕同

殊皆擬脫，疑此字當作允從
中因如從上八點作又

允盾 上余準切音尹 下豎尹切 ㊤㊥㊦ 〇中允官名借作盾 漢書敘傳數遣中盾請問近臣 師古曰盾讀若允 中允官名

盾楯 說文豎尹切 盾瞂也 所以扞身蔽目 楯闌檻也 〇盾与楯通 左傳定五年樂祁獻揚楯六十于簡子

刎剄剄 上武粉切 玉篇割也 中古挺切 玉篇以刀割頸也 下於加切 玉篇刎也 〇史記項羽傳乃自刎而死 漢書作到 二字古通 又吳語自剄于客前以酬客

義二通

辨通二

七

九辨十

九韻

槿堇 鉉居隱切 槿蕣華也 堇艸名 ○ 木槿即蕣華 朝生莫落 月令木堇榮 二者作堇 礼記 俗本作堇

偃匽 鉉於幰切 偃仰也 又息也 匽隱也 ○ 偃通作匽 漢書郊祀志 興文匽武 王吉傳 今則為風雲之所匽

偃 ‖

秋偃 亦秋書 多誤改作偃

傳

楗揵 鉉巨偃切 門限也 一曰距門木 楗關楗也 揵舉也 又渠焉切 ○ 楗通作揵 莊子庚桑楚篇 外韄者不可繁而捉將內揵 內韄者不可繆而捉將外揵 注 韄縛也 揵閉塞也

鍵健 鉉上巨偃切 鍵牡鑰也 健下渠建切 强有力也 ○ 鍵

併平云

通作徤漢書司馬遷傳大道之要去徤羨䂨虞曰
门户徤壯也
蹇謇 並居偃切〇爾雅釋樂徒歌謂之謇釋文謇或
作騫亦通（二字）
謇蹇 上謇居輦切謇難也謇難于言也（下九輦切）〇易蹇卦王臣蹇
文晉書王豹傳作謇謇難騷余固知謇謇之為患
兮注謇謇忠貞皃易曰王臣謇謇洪興祖補注今
易作蹇謇謇先儒引經多如此蓋古今本不同耳〇[illegible]
阪反 並府遠切爾雅坡者曰阪反覆也〇[illegible]
（阻字為別作反字也見[illegible]）

蒲反漢地書理志注中蒲阪又荀子成相篇阪先為
聖之所為注阪与反同反先聖之所為也二字
漢書地理志蒲反注漢郡國志作蒲阪

通

○三 菀苑

菀於阮切○漢郡國志河南郡菀陵漢書地理
志作苑陵五經文字曰苑菀菀於阮反說文稱以
上字為苑囿字今則通用之

撙繜

上祖本切裁抑也下祖昆切繜衣小衣也狀犢鼻
○禮記恭儉撙節亦從作繜荀子不苟篇不能則
恭敬繜絀以事人注繜与撙同絀撙節同屈自撙

節眝損也

遯遁 並徒損切○五經文字曰遯逃也遁遷也經典通用之

沌敦 上徒損切混沌下都昆切已見○沌借作敦左傳文十八年天下之人謂之混敦注謂驩兜也混敦不開通之皃疏云混沌與渾敦字之異耳

稛麇

懇貇頎 上口很切貇惻至誠也中口根切齧也下渠希切已見○貇皆作貇漢書劉向傳聳貇數奸死亡之誅亦借作頎禮記檀弓頎乎其至也釋文頎音

九辨七

貌，惆悵皃

誕訑 上徒旱切，放也。下弋支切，訑訑，自得皃。○誕，徒作訑。莊子知北遊「天知予僻陋謾訑」，釋文徒旦反。

但亶 上徒旱切，徒也，又語詞。下當旱切，信也，厚也，[illegible]也。○但，漢書通作亶。燕王傳「蘇武亶爲典屬國」，注「非亶倒縣□而已」（揚雄傳）傳「亶費精神于此」。王莽傳「亶飲酒」，注：亶與但同。

管斡 上古滿切，樂器，又主當也。下古案切，領事也。○管通作斡。漢書食貨志「權斡山海之貨」。劉向傳「石顯斡尚書」，師古曰：斡與管同。後漢書竇憲傳「內斡機

算从[illegible]青黑色[illegible]从[illegible]𥳑[illegible]之數
也左傳假借字也[illegible]
[illegible]

版飯 補綰切 說文 版 飯也 餅
全白飯 ○ [illegible]
全飯六[illegible]飯与版同

[illegible]

密注䈝与管通

纘纂 並作管切 纘繼也 纂組也 ○ 左傳纂乃祖考 漢書敘傳纂堯之緒 注 与纘通

睆睆 並合版切 睆明皃 睆說文作睅大目也 ○ 睆通作睆 詩以報睆彼牽牛 注 明星皃 禮記檀弓華而睆 釋文明皃

撰纂 並雛晥切 撰撰述 纂說文具食也 今作籑 ○ 撰借作纂 漢書司馬遷傳父子相繼纂其職

輚棧 並仕限切 輚臥車也 棧閣也 說文棚也 ○ 輚通作

九辨

辨通二

三十

九辨一

棧 周禮春官巾車士乘棧車〔小〕棧〔音〕棧〔下〕車

跰蹁 上五堅切又五典切胝也下五典切趼衣〇趼通

繭足胝起如繭也廣韻上作𥰠

襺繭 並古典切襺袍衣也以絮曰襺以縕曰袍繭見前

〇禮玉藻纊為繭縕為袍繭與襺同

三

辮編 上薄泫切交也下方典切廣韻編绪也又絞也又卑連切〇

史記吳太伯世家辮髮文身通作編漢書終軍傳

殆將解編髮削左衽襲冠帶要衣裳而蒙化者焉

師古曰編讀曰辮

稱曰新制如風車子回

跣[illegible] [illegible]

禮[illegible] [illegible]

尟鮮 上息淺切少也下相然切生魚也○經典多借鮮為尟少字

善繕 [illegible]

一 扁匾 [illegible]典切 [illegible]者曰匾說文扁署也○詩小雅有扁斯石扁與匾同

羂罥 上北注切羂罥下古[illegible]切[illegible]也○周礼秋官翨氏注置其所食之物于羂中馬融廣成頌羂[illegible]蹏罥系也[illegible]野馬羂省作羂

鮮鱻 上息淺切少也下相然切說文魚名也周禮曰○鮮借鱻作漢書敘傳鱻生民之晦在師古曰鱻少也

膳善 上常演切膳具食也善惡之對○膳通作善莊子

九辨 廿

辨通二 廿

大雅十

至樂篇具太牢以為善

蟬鐙

墠坦 上常演切䄠主為壇除地為墠下佗但切寬也平也○左傳襄十八年正義曰尚書金縢云三壇同墠王肅本作坦老子坦然而善謀釋文云坦河上作墠墠寬也又善反墠坦蓋古通

主以

○璉

璉連輦 上力展切璉瑚璉盛黍稷器商曰瑚夏曰璉中力（說文作槤）延切合也下力展切駕人以行曰輦○瑚璉通作連禮記明堂位夏后氏之四連（釋文云連本又作璉）六作通輦注韓勅碑胡輦器用洪适曰胡輦者瑚璉也案周禮四（車攻）

中車輦車組輓釋文云輦本作連蓋璉古通連連

又通輦也

○鱓鱣上常演切蛇鮮黃質黑文下張連切大魚似鱏江

東呼爲黃魚○鱓借作鱣後漢書楊震傳有冠雀

銜三鱣魚集講堂前都講取魚進曰蛇鱣者卿大夫

之服也詳見辨誤

翦戩揃鬋鑽祝上四字並即淺切翦齊也戩盡也揃搣也

鬋女鬢也儹借官切剃也祝之占○詩魯頌實始翦商本古

作戩閩人氏曰戩与翦同亦通作揃史記蒙恬傳

公旦自揃其爪以沈于河亦通作鬋韋孟詩鬋茅
作當又通作鑽左思魏都賦或鏤膚而鑽髮与蕭
髮同亦作祝穀梁傳哀十三年祝髮文身釋文斷也

踕

湎沔

並彌兗切湎沈于酒也沔水名○漢書禮樂志湛
沔自若沔与湎通

輭需濡

上而兗切耎輭柔也中相俞切須也下人朱切
需須也○史記貨殖傳妻子輭弱借作需考工記
弓人薄其帤則需疏云罷需釋文需人兗反亦借
作濡莊子濡弱謙下

選撰 上思兗切擇也下雛晥切見前○選撰古字通用禮夏官大司馬史撰車徒釋文云撰息轉反礼記四則桌曰撰之疏云數之布揀撰視

冕端 上美辯切大夫以上冠下多官切直也正也○礼記玉藻諸侯玄端以祭天子玄端以朝日于東门之外注端讀音冕与冕同

勉免俛 上美辯切勉強也免劝也釋也俛俯也俛本同頫○勉與免通漢書薛宣傳因移書勞免之義亦得閲免庶遁示师古曰閔免猶黽勉也二通俛禮表記俛焉日有孳

九辯 辯通二 廿

九辨十

蓨蕭 上古鳥切 粟下蘇彫切 又音秋 苗地 蒿 古蕭 注蕭与蓨通

蕚注俛音勤勞皃陸機文賦有黽俛

妖夭 並於兆切 妖殀也 短折曰妖壽之反也 說文夭屈也○博雅不盡天年曰夭 二字古通

繞遶 並而沼切 繞纏也 遶圍也○二字通用

摽莩蔈 上婢小切 爾雅釋詁摽落也 中芳無切 葭蘆中白皮至薄者也 下婢小切 說文苕之黃華也○孔詩召南摽有梅 韓詩及王應麟詩攷並作莩 二作蔈直音蔈落也

殍莩 上平表切 餓死也 下芳無切 見前○莩經典借為

杪鈔 上亡沼切末也下初交切說文叉取也〇杪通作鈔荀子幼眉而[illegible]于鈔注鈔末也又注手鈔[illegible]孫注鈔謂畫也

舩般 [illegible]

佋紹

餓殍字孟子野有餓莩

紹 玆市沼切佋介佋紹紹繼也〇佋介之佋經典通作紹

譑撟蟜憍

上三字玆居夭切譑詐也撟（擅也）說文舉手也一曰擅也蟜說文蟲也下巨嬌切水渠〇書呂刑奪攘撟虔漢書武帝紀作撟虔（周禮士師撟邦令釋文云撟本譑）國語作內撟虔殺內處高五王傳撟制以令天下朱虛侯得撟夫兵又彊見中庸彊哉譑荀子臣道篇作撟然剛折注撟彊也又通蟜（詩周頌時邁序[illegible]釋文作蟜）漢書逸民傳譑拂注云譑一作蟜亦

辨通二 卌

[illegible]

通作㯈漢書武帝紀㯈苏兵斬郅支首子儒效篇㯈飾其情性

勦單下平次入

剿㰌 上子小切絶也下鉏交切説文澤中守艸樓○漢武帝悼李夫人賦命㰌絶而不長㰌與剿通

佼姣 姣古巧切佼好皃姣婿也○詩陳風佼人僚兮釋文作姣

介蚤 上側絞切説文作叉手足甲也下子皓切齧人跳蟲○介借作蚤禮曲禮不蚤鬋注云蚤讀為介疏云謂除手足介也○案説文叉手曰介與叉異字

昊晧暤顥　並胡老切東昊昊天一曰夏爲昊天晧潔白也暤明皃一曰大也又太暤少暤古帝名顥大也又天邊氣○爾雅夏爲晧天釋文云晧本亦作昊後漢書郎顗傳則大晧悅和注大晧天也亦作暤漢書鄭崇傳暤天罔極詩小雅作昊禮月令其帝太暤釋文云暤本亦作昊楚辭遠遊歷太晧以右轉注晧即太暤也又通顥漢書司馬相如傳肇自顥穹生民又漢安世房中歌注西顥西方太暤也

浩晧　並胡老切浩汗大水皃晧見前○史記河渠書晧晧旰旰兮慮殫爲河晧與浩通

皓部

埽騷　上蘇老切糞除也下蘇遭切愁也○埽俗作騷史

九辨

辨通二　芸

大新[illegible]

記李斯傳騶竈上騷除黥布傳大王宜騷江南ゝ

六

早蚤（艸）

莊子晧切晨（早）也蚤見前〇早借作蚤越語蚤晏无

失孟子蚤起〇案蚤乃借字俗以為早字或體非

也

[illegible]

寶保葆

並博抱切寶珍也保守也葆艸叢生皃又韜葆

也〇寶通作保史記周本紀展九鼎保玉俘廣曰

保一作寶宣和博古圖尚方鏡銘壽比金石國ゝ

保寶二作保又通葆周書陳寶史記作葆史吾世

家世墜天之降葆命注葆讀如寶留侯世家見穀
城下黃石取而葆祠之徐廣曰史珍寶字皆作葆

保緥 葆

並博抱切保葆見前緥襁緥小兒衣也○緥通作保

禮月令保介之御閒注保猶衣也保即襁緥漢書司
馬相如傳業隆于襁保二通葆史記魯世家成王
少在襁葆之中注葆小兒被也索隱曰古字少假
借用之

堡保葆

並博抱切堡障小城保葆並見前○禮檀弓遇
負杖入保者堡省作保二通葆史記匈奴傳益上

辨通二　廿六

邢蓀塞

○鎬鄗滈

鎬胡老切鎬京武王所都在長安西上林苑中
鄗春秋晉邑戰國屬趙漢光武即位于此改名高
邑即今趙州高邑知滈水皃○鎬通作鄗滈漢書
馮衍傳西頓鄗鄗注鄗鄗二水名文王鄗鄗武王
鄗鄗水經注渭水條下亦借作鄗亦通滈荀子武
王以滈揚雄羽獵賦經營鄷滈注通作鎬一作鄗

○艸屮

上采老切百卉也下丑列切音徹艸木初生也○艸
注衣座艸著座士文尚書作屮注書稱衆志屮木云黃即古曰屮古艸字
艸田隸書量錯傳屮茅由亡識知董仲舒傳朱中

𢾭府 𢾭文曰府中臥病 古作乚拄手如指 𢾭能作府思指巳府見 从氏圭口府上升揣狀 此旨老協

生○業從土艸字多作屮小篆謂古文艸字非也○(諸從屮为艸)
當是假借

攷考 然共昧切說文攷校也考老也轉注考老爲○二字蓋通用或以攷爲考字重文非是

惰隋(嫷) 然徒果切惰怠也隋(不敬)首也○(嫷好也)惰與隋通礼月令民氣解隋韓非子五蠹篇修而隋者貧史记司馬相如傳不敢怠隋亦通嫷從女亦聲隋嫷慢之狀張敞傳(贊)被輕嫷之名

𢿙播 然布火切𢿙揚米去糠也播種也布也○莊子人

入去聲

辨通二

廿

樓夏

九辨十

間世篇鼓筴播精足以食十人注簡米曰精播与

簸通

假借　上古馬切借也下子夜切假也○二字義通後漢

書李尋傳言所借借注云下字音假○案說文叚

借也假非真也〻通叚〻之叚通用假

嘏假　註古馬切嘏又大福也又祝嘏假見前○二字古

祝為尸致告之詞嘏大也福也

通禮禮運是謂大假吳澄纂言曰假与嘏通大假

者大其嘏辭也

廈夏　註胡雅切設廈又屋也夏又玉篇屋之門廡也夏大也○

禮檀弓見若覆夏屋者焉注云云門廡旁廣而卑夏與廡通

捨舍　並書冶切捨釋也舍止息也○釋捨之捨之通用

癢養　並餘兩切癢膚欲搔也養育也○癢通作養荀子榮辱篇骨體膚理辨寒暑疾養

懩癢　並餘兩切懩心所欲也癢見前○潘岳射雉賦徒心煩而技懩注有藝欲逞曰技懩通作癢風俗通伎癢不能無出之杜詩奮蕞終技癢

辨通二

九辨一

像象　並徐兩切像似也又所像象獸名○二字經典通用惟獸名之象不通像

橡象　並徐兩切橡栩實也象見前○周禮掌染注象斗之屬染皂橡省作象

獎將　並子兩切勸也屬也下即良切將送也○漢書中山王傳以將養勁之師古曰將讀作獎省文字

古作
罔○方　上文兩切罔兩山川精物下府良切正也○罔兩通作方良周禮夏官方相氏敺方良注方良罔兩也木石之怪夔罔兩蛧蜽西京賦亦作方良注方

膗𦞦 說文益州鄙言人盛諱其肥謂之膗
方言凡人盛貌及其所生諱其
肥䐶謂之膗郭注肥膗多肉貌
[illegible]據[illegible]
[illegible]膗[illegible]
膗亦作二字又同[illegible]

𨟌揚 見說文

魍魎 [illegible]亦魍魎也
○史記[illegible]
[illegible]魍魎之中[illegible]

良艸淬之神也

緉兩量 上良獎切緉兩枚也中良獎切偶也下呂帖切
又力向切○緉亦省作兩詩魏風葛屨五兩亾法
作量世說阮孚曰未知一生餘著幾量屐

怏鞅 並於兩切怏情不滿足也鞅牛駕具在腹在鞅一
曰馬頸組○怏通作鞅漢書韓信傳居常鞅鞅周
亞夫傳鞅鞅者非少主臣也

響嚮饗鄉 響許兩切饗餼注說文曰實而精者秀朴而
淳者饗嚮許亮切對也饗大飲賓也又歆也鄉許

九辨十 辨同 先

良切第二子互可字可鄉○饗通作鄉易繫辭其受命也如鄉漢書賈山傳天下鄉應（諸侯王表僭擬于天子）張釋之傳應于景鄉莊子養生主篇砉然鄉然又通作響漢書禮樂志五行六律依響亦作鄉漢書董仲舒傳如景鄉之應形聲

懷

回

享鄉

鄉上許兩切訓也下見前○享通作鄉漢書宣帝紀天下殷富鄉亦通作鄉文帝紀專享獨美其福

惝廠

昌兩切惝惘失意皃廠廠無望○惝借作廠漢書司馬相如傳廠罔靡漢注失志也

四方

蕩盪 並徒朗切蕩大也盪滌器又推盪〇三輔黃圖馺蕩宮又作馺盪〇云秦內巢宮馺盪也通蕩盪字通

邢昺爾雅釋詁疏曰蕩盪字異義通

易疏證八卦相盪釋文云眾家本作蕩 漢書郊祀志盪盪如繫風捕景 蕩亦作盪

盪湯 上徒朗切見前下吐郎切熱水〇漢書天文志四星若衣是為大湯注猶盪滌也湯與盪通

儻黨 上他朗切或然之辭上多朗切五百家為黨又輩也〇漢書息夫躬傳黨可以仿佛乎師古曰黨讀曰儻 儻黨仲舒傳黨可得見之乎于定國傳黨(皆)左是乎 揚雄傳黨鬼神可也儻皆作黨

讜黨 並多朗切讜直言也黨見前〇讜者作黨荀子非

眚省 [illegible]

九辨一

相篇徧博而當正注當讀曰讜直言也

郢丙

靜靚諍 疾郢切靜=對也 靚中疾正切粧飾也下疾郢切安也○靜借作靚雲谷鵬賦滂乎美深泂之靚揚雄甘泉賦稍暗=而靚深師古曰靚即靜字〔班倢伃賦神眇=兮密靚處〕亦通作諍後漢張衡傳諍潛思于至賾注諍與靜同

靜同

請靜 疾政切請安也靜見前○書康誥惟民不靜古文尚書作請

極迹 [illegible]

五方

郉丙 兵永切郉宋下邑亦姓丙兵永切丙辰名○郉或省作丙

漢邴（丙）吉○（宣帝紀）作邴吉

[illegible]

嶺 領

張良郢切 嶺阪也 領項也 ○嶺或省作領 漢書嚴

助傳輿轎而度領

頴 洞

上餘頃切 水名 下戶頂切 亦作頫 釋詁 直也 ○高士

傳下隨投洞水而死 朱謀㙔曰 頴洞古字通用

酊 艼

上都挺切 酩酊 甚也 下湯丁切 草名 說文 艼熒

朐也 ○酊（酩）借作艼（荒） 晉書山簡傳 茗艼無所知 韓詩

茗艼馬上自回知名詩

迸 併

上蒲迥切 併（比）也 下必郢切 兼也 合也 ○迸與併通

[illegible]

九辨十 辨通二 廿

廿九平仄

大[illegible]十

史記注安策高皇帝與諸公併起又與公併係通

軿㭨　説文力丁切軿載柩車㭨木名○軿通作㭨漢書注鄧展曰𨋔車名㭨

狃忸　説文女九切狃習也狎也忸慙也○荀子議兵篇忸之以慶賞揚倞注忸與狃同

久㲃　上音有切長久也下古莫切灌也○久與㲃通秦詛楚文久湫一作㲃湫

蹂鞣　説文人九切蹂踐也鞣車輞○漢書李陵傳四深鞣戎馬之地鞣與蹂通

揉輮 誌人久切揉曲直之也輮見前○易說卦傳爲矯輮疏云使曲者直爲矯使直者曲爲輮之与揉通

舅咎 誌其久切舅毋之兄弟咎笑也過也○舅通作咎荀子正名篇晋之咎犯左傳作舅犯穆天子傳咎氏注云咎猶舅也儀禮士昏禮注古文舅皆作咎

咎臼 誌其久切咎見前臼舂器○咎亦通臼晋語宣咎注或作臼古字通用

羑牖 誌与久切羑里文王因處牖穿壁以木爲交窗也○注羑里于三王傳文王拘于牖里牖与羑通

九辨十

牖誘　盐与久切　牖文道也　誘導也引也　○詩大雅天之牖民注牖道也疏云牖与誘通故以為道也孔氏易及礼記外傳皆作天之誘民礼樂記誘民孔易詩大雅作牖

後后　盐胡豆切　後前之對后異也　○前後之後經史亦通作后

斗主　上當口切量名　下之庾切君也典守也　○斗主二字古通　易豐卦日中見斗孟喜本作主　周禮春官鬯人大喪之大瀕設斗注所以沃尸者釋文云斗

依注音主

偶寓

偶上五口切刻木像人曰木偶下牛具切寄也○漢書郊祀志木寓龍一駟木寓車馬一駟李奇曰寓寄也寄生龍形于木此說非也古文偶寓通用史記孝武紀作木偶殷本紀帝武乙無道為偶人謂之天神酷吏傳匈奴至為偶人像郅都索隱曰漢書作寓人亦以謂寓之為偶矣

剞掊

剞音居綺切剞劂也掊擊也○莊子逍遙遊篇吾為其無用也而掊之胠篋篇掊斗折衡皆與剞同

辨通二　廿三

寖侵 上七稔切庚勾丨隨文見魏也下七林切庚韻漸進也〇寖亦作侵史記郊共侍或由來見侵邪小注且殘更也

甚根

淡醰 上徒敢切下徒感切〇醰十二字萬神穰且詞演印沖 淡母作字

檁廩稟 並㊤力稔錦切檁㊤廩也㊥田稔㊤稟宗有屋曰廩㊦稟從文㊤筆錦切賜穀也又給也㊤稔㊤又㊤受筆錦切㊤命曰稟〇懔通作廩左傳毋乃廩並隕大夫之广漢書文帝紀廩廩鄉改正服封禪矣㊤賁㊤惠愛亦通作亩禾漢書誼傳直為此亩禾之也註同懔

敵友 上七覽切勇也下云久切同志為友〇礼內則不友亡礼于方歸借友為敵

覽攬 並盧敢也覽觀也攬撮持也〇覽通作攬王羲之蘭亭敘後之攬者亦將有感于斯文

淡啖 並徒敢切淡薄味也啖㊤食也〇淡通作啖史記

非豚通傳攻若令嗾除虎曰嗾一作淡如淳曰合

宋葉芬曰嗾

剡掞 上以冉切銳利也下以贍切舒也○易繫辭剡木

為舟釋文作掞

險儉 上虛檢切危也下巨險切約也○易否卦象平險

中漢碑引作儉荀子似儉而（當閱看）百姓不一楊倞注云

儉當作險古通用

貶辨 上方斂切損也下符蹇切別也○貶從作辨穀玉

藻玉宗辨注辨讀為貶自卑貶以蹙折也

九辨卄　辨通二　當

九辨一

慊歉 上苦簟切不足皃 下戸监切 說文口有所銜也○

歉通作慊 穀梁傳襄二十四年一穀不升謂之慊

注慊不足也 漢書郊祀志 穀慊未收 注 慊少意之

稼穡尚欠也

慊謙嗛 慊苦簟切恨也 謙嗛苦兼切敬也 中見前○慊通

作謙 大学此之謂自謙 二通作慊 史記文帝紀天

下人民未有慊志 慊通作嫌 漢書趙充國傳 嫌借

道嫌之便 師古曰慊古嫌字

俙蔽 上魚掩切恭也 下許驗切敬也○俙通作儼 書

逸儀荼寅異釋文作儀詩大雅有儀天子傳是儀

並而威也（風儀也亦漢書以見義又作儀詩溥中之儀見義文字作儀）漢書匡衡傳正躬儀惟漢書儒林傳儀

並漂五經之助論（並）与儀同

轞檻 並胡黯切檻車聲檻檻也○轞与檻通詩王風大車檻檻注車行聲也

蓪范 並防鋄切蓪𦼮也范（蓪艸也又）姓也○蓪省作范禮檀弓范則冠而蟬有緌

範范 並防鋄切範說文作笵法也范見前○書洪範卞文尚書作范禮禮運范金合土少儀祭左右軌范

乃欽首子刑范正金錫太守經國家之矩范也範昔作范亦蓋通用

去聲

湩重 上多貢切乳汁下柱用切厚也○湩通作重漢書匈奴傳不如重酪之便美也注重乳汁也本作湩

貢贛 古送切貢獻也贛賜也○端木賜字子贛經典國通作貢漢書貢亦作贛

夢瞢 上莫鳳切說文作㝱寐而有覺也下莫空切目不明也○雲夢澤名周禮夏官職方氏作雲瞢漢書

敘傳令尹子文初生棄之瞢中注云瞢澤也瞢同夢

衷中　上陟仲切誠實也下陟弓陟仲二切○史記孔子世家折衷于夫子通作中漢書貢禹傳徵夫子之言則亡所折中

頌誦　並似用切頌歌也誦讀也○詩大雅吉甫作誦[誦與頌同]漢書逸民傳專精頌讀[頌與誦同]二字互通

供共　上居用切[供設又具也]下渠用切共同也○供字經典通用作共

縱從　上子用切放也下即容切就也○從古[大篆]王吉傳放[illegible]

九辨　辨通二

九辨上

從自異從與從通

絳紅　上古巷切赤色又州名下戶公切○漢書息譯反

表紅反師古曰紅讀曰絳當是借字

寘填　上支義切置也下徒年切塞也○漢書貢禹傳武

帝又多取好女以填後宮師古曰填讀為寘同蓋

說文填本作寘誤寘為寘因誤寘為填也

忮伎　上支義切很也下巨綺切伎巧○忮通作伎詩小

雅鞫人忮忒

避辟　上毗義切迴也違也又除道也下必益切君也○

卑牟 [illegible]

勠閉 [illegible]

俾 睥睨 [illegible]

五經文字曰辟經典多借爲隙通之通

詖陂 註詖義切詖辯詖也陂傾衺也○古書故曰詖與陂通荀子成相篇讒人罔極險陂傾側注陂與詖同

髮被 註平義切髮鬄也被寢也○儀禮少牢饋食禮主婦被裼注被裼讀曰髮鬄

剌切 上七賜切（直傷也）下千結切刺也○諷剌之剌通作切儀禮注樂時世之詩爲樂歌所以通情相諷切也

議誼 註宜寄切議謀也誼說文人所宜也本古文仁義

九辨十　辨通二　卅七

佳之上手限切下力〇切〇比即佳不得佳部

可正部學男佳周佳年古佳之同字

挾挾自學毖脈利切理解也琴撥

𨍭挃也一曰 [illegible] 以弼相

表也〇周禮 [illegible] 作

[illegible] 作 [illegible] 禮曲

禮九聲 [illegible] 諸侯主大

夫 [illegible] 又

作 [illegible] 三年 [illegible]

部 [illegible] 王 [illegible]

鼓 [illegible]

字〇議通作誼漢書賈誼傳論誼考向

壓辟 壹逗鳥切嗆也下劣蓋切見前〇舉經典多通作辟

啻適翅 上施智切不啻猶言不止如是也中施隻切異㊃ 下之石切善也〇啻通作翅孟子奚翅食重亡借 作適戰國策將正者不適三人注適音同

韍祕 毖兵媚切韍弓紲也祕塞也〇韍通作祕詩注弓檠曰祕

毖祕 毖兵媚切毖慎也祕見前〇詩邶風毖彼泉水 釋文云韓詩作祕

賁匱 賁扶位切黃土飾也匱乏也〇漢書王莽傳綱紀

成張戌左一匯通

嗜耆　上嘗利切說文老欲喜之也下渠脂切老也○嗜

鰭作耆禮月令節耆欲

莅涖　上力至切莅臨也涖涖水聲○涖經典亦同涖詁

小雅方叔涖止釋文云本亦作涖左傳陳人執而使涖于鄭釋文云涖云利非也

鍛鍜　上直利切塞也下陟利切誼也○禮月令必功

鍜爲上注謂功力塞也鍜鍛同

蒖蓌　上几利切坐也中居佟切座也下几利切同

馬名○蓌通作戴左傳襄十八年周人坐

帥率　上說文所律切今爲所類切將帥也下

九辨十

辨通二　卅六

九辨十

鬳焉　曰：以鬳注：豐尺來。漢書郊祀志鬳見上卯
古曰戲讀曰羲，亦借作犧。禮文王世子注州里犧
于是正義曰犧謂仰羲之也。釋文：犧音羲反也

庳鼻卑　上中毗至切匹方脂切卑下府移切也○孟子封之
有庳。後漢書東平王傳作有鼻，注：有鼻，國名，亦通
作卑。漢書鄒陽傳封之有卑，注：地名也，音鼻

庀莊　上必玉切，蓐也。下毗玉切，艸名○庀通作莊。莊子
人間世舊因篇隱將芘其所藾。釋文：芘，本亦作庇

示視　上神至切，垂示也。下時利切，瞻也○示經典或作

[illegible]

作視詩小雅視民不恌漢書高帝（禮曲禮幼子常視毋誑疏云示視古通）

紀視項羽無東意史記作示師古曰漢書多以視

為示古字通用

䫉 蒢蕈

䓤秦䃁切○䫉（蕈菜也）䫉左傳作直蕈荀子勞苦勤蕈

隆 隧 墜

上直類切肖也下徐醉切墓道

○隆（經典通作隧中庸宗廟隧之）通作隧漢書

王莽傳不隧如髮敘傳厥宗之隧於爵九歎矢交

隧字士年先漢異祖補注云隧與隆同

幟 識 織 志

昌志切旗也下三字職吏切

隆 隊 隧

遂 術 歧

隆 隊也 積從封切隕也

○幟識 漢書通用 幟通作識 漢書王莽傳旌旗表識

識幟 師古曰 識讀與幟同 集韻幟字在說文新附字中

旗幟 幟本但作志 亦作識 詩小雅織文鳥章 箋云織徽也

日云 幟與織字雖異音實同 漢書食貨志旗織加

其上 師古曰 織讀曰幟 亦作志 史記張丞相傳沛

公以周昌為職志 注 職主也 孫弊通傳張旗志

值直 上直吏切 遇也 下除力切 曲之反 ○值通作直 史

記竇成傳 之其直竇成之也 漢書張敞傳直敞遠字

劉鄉

伺司 上相吏切伺候也下息茲切主也○伺古但作司

吳語以司我閒漢書灌夫傳觀其與夫人益市牛

酒々門下候司至日中丞相不來高五王傳魏勃

常早埽齊相舍人門外舍人怪之以為物而司之

得勃

弒殺 上式吏切大逆曰弒下所八切戮也○弒殺二字

古多通用論語崔子弒齊君釋文云本又作殺釋

文陳成子殺簡公本作弒公羊穀梁亦多通用

漢書高帝紀項羽殺義帝注云殺當作弒

九辨七

字𡦹 並疾置切 𡦹也 敦化曰𡦹文按曰尾字乳也又文字字未孶也相生之宗也二字義通書鳥獸孶尾 𡦹字𡦹尾也

史記作字尾

牸字

異异 並羊吏切 意不同也 异舉也○異通作异 列子楊朱篇重囚累梏何以异哉

餌珥 並仍吏切 餌 [illegible] 鄭 [illegible] 名 又 [illegible] 珥 [illegible] 也○餌 [illegible] 珥 周禮 [illegible] 以 [illegible] 及 [illegible] 珥 [illegible] 餌 [illegible] 又 [illegible] 小子 [illegible] 餌于社稷 [illegible] 珥 [illegible] 一音 [illegible]

其記己 上二字並居吏切 其 語已辭 申屈吏切 記 識也 己 居理切 身也○詩彼其之子 通作記 禮表記引詩彼記之子 亦通作己 左傳襄二十七年引詩彼己之子

右左

○牸字 並疾置切 牸牝牛也 字見前○牸亦作字 史記平

房佛以傳
髣髴
通也

準書字牝壺儥而不得槩賣

蔽茀　上方未切蔽茀小木盛皃下敷勿切草多艸不可行○詩召南蔽芾甘棠王應麟詩攷作蔽茀二字

通

鬅悲　上方未切鬅髴見不審皃下房密切髣同○鬅借作悲漢書郊祀志相放悲師古曰放依髣悲依俙也

扉菲　上扶沸切艸屨下敷尾切說文芴也○扉通作菲孔叢子旣不杖不菲不次注菲艸屨漢書刑法志菲屨赭衣而不純

大部一

餼旣　上許旣切饋客芻米也下居毅切已也○餼与旣通中庸旣廩稱事注旣讀爲餼餼廩稍食也

鐻鑪　上良倨切下音胡切○鐻通作鑪左傳定四年鑪金初官于子期氏釋文云鑪本作鐻金名

據据　上居御切據依也杖持也下九魚切說文戟挶也○据与據通漢書揚雄傳旁則三摹九据酷吏傳趙禹据法守正

倨裾　上居御切倨傲不遜也下九魚切衣裾○漢書趙禹傳爲人廉裾師古曰裾亦傲也又酷吏傳至貴

居也　並与倨通

踞倨　並居御切　踞蹲也　倨見前○漢書張耳傳高祖箕

倨罵　倨与踞通

覷狙　上七慮切　[illegible]伺視也　下[illegible]
[illegible]

與預[豫]　並羊洳切　與參與也　干也　預先也　安也○平譽○　[豫逸也　樂也]

與經典通作預　亦通豫　漢書東夷傳於靈會中亡來豫盟又[illegible]

預豫　並羊洳切　預見前　豫[illegible]也○預經典通作豫　[亦作猶與]

豫舒　上羊洳切　見前　下傷魚切　伸也○豫通作舒　書洪

範豫恒燠若　漢書作舒○晉書地理志豫州[illegible]豫

舒也　言享中和之氣　性理安舒也　豫有舒義故通

取最

[illegible]

辨通

罡

腑臍肺附

瞿矍 上九遇切 鷩視皃 下其遇切 恐也 ○ 瞿通作懼 禮檀弓 瞿然 吳虔釋文云 本又作懼 後漢書東方朔傳 吳王懼然易容 申屠剛傳 懼然自刻

[illegible]

務牟 上亡遇切 中莫浮切 ○ 務光 荀子成相篇作牟光 注 牟與務同 [illegible]

[illegible]

輐跂 注胡故切 輐 ○ 車也 跂是也 ○ 輐 周禮作跂 五跂 注 玉跂 宮跂 草跂 木跂 禮月令 宮寫跂 釋文 本作輐 注 書車輐 輐多作跂

跂滋 注 [illegible] 切 跂見前 滋 國名 ○ 注 書地理志

漁陽郡□奚縣傂溪郡國志作溪二字古通又見……中古

雇顧 故

上本僱古切棄雇字之為古慕切僱也……中古慕切賃也下古慕切雇也○雇通作顧漢書晁錯傳斂民財以顧其功注引鄉也若今之雇賃也人通作故史記寶脩故行不行得故命人行而身不自行故与雇同

平帝紀女子犯罪出錢山鋪

故固

故古慕切故見前固堅也○漢武帝時鉅通一藉

以上補掌故文學之作掌固又故實之作固實史記魯世家必問于遺老語于固實事昭曰故事之

雜通之

是者，與國策同，伏詳注云：同與故同。

痼 㑳 錮

並古慕切。痼，說文作㽽，久病也。㑳，見……錮，鑄銅鐵以塞隙也。○痼通作固，禮月令：國多固疾，亦通作錮，漢書賈誼傳：必爲錮疾。

悟 寤

並五故切。悟，心了也。寤，寐覺而有言曰寤。○悟通作寤，郭璞爾雅序：別爲音圖，用祛未寤。史記項羽紀贊：尚不覺寤。漢書韓安國傳：孝文寤焉。之不可借也。

護 濩 䕶

上三字並胡誤切。大護，湯樂名。䕶，布也。護，助

也下侯大切，門内曰戶。○詛謑 左傳作詛謑

荀子作詬謑，亦通作戶謑。揭雄傳戶言亦成（蜀都賦）

慱 專（傳）

蘇（上）蘇故切 慱 慱慱也（中 蘇故切）慱謑素（下 芳故切 布也）○慱經典多通作素

布 怖

博故切 布 臬織，又散也。抪，持也。○布通作抪，漢書中山靖王傳塵埃抪散。亦通作專，史記司馬相

如傳專結縷。謑亦作布

苐 第（地）（上三字）

特計切 第，但也。第本次第，借爲兄弟字。○第通（下 特四切）

作弟，漢書陳勝傳弟令毋斬。司馬相如傳弟俱如

臨邛。量其選物上第，又左第氏之備作地，漢書而其侍

西曹地忌之

辨通二

四三

大雜一

系繫 上胡计切 世系也 下古詣切 維也○系与繫通用

礼小史掌奠繫世注謂帝繫及諸侯大夫世本之

屬

繫傒 上古詣切 見前 下胡雞切 奚名○淮南子本训篇

傒人之子女 注傒与囚繫之繫同

髻结 上古詣切 束髮也 下古屑切 締也○髻亦作结 漢

書陸賈傳 尉佗魋结箕踞 師古曰 结讀為髻 案漢傳

椎結 操作注 椎髻也○説文髟部髻字注曰云古通

用結用髻乃後来字

睥俾頭

嵬高 莊子米篇正屬 偏倚而見 親王本偏 与俾同

契挈　上苦計切約也　下苦結切持也　○　契通作挈　漢書
溝洫志　內史稽田租挈重　師古曰租挈收田租
之約也　挈音苦計反
○鍥契　上苦結、苦計切　鍥刻也　下苦計切約也　契通鍥　○　呂氏春秋契舟求劍
契與鍥通
慧彗惠　上胡桂切敏也　中祥歲切（掃竹又）妖星　下胡計切仁也
○　慧通作彗　史記淮南王傳　女陵慧有口辯　亦通
作惠　漢書昌邑王傳　清狂不惠　（淳注）孫卿傳　將不早惠
于注惠作慧　列子周穆王篇　秦人逢氏有子少而

[illegible]切　結七計切　[illegible]一切也　○
[illegible]四[illegible]利[illegible]平[illegible]切
[illegible]
[illegible]特計切[illegible]如史記
[illegible]

九辨

辨通二　十四

[illegible]

來遊日陵

惠佉機帀梁武帝文亦惠不能去其惡語与慧同

蔽敝萆 上必袂切隱也蹇也中毗祭切敝衣下賓弥切草莿 敝

茉艸○蔽通作敝考工記弓人長其畏而薄其敝

注敝讀為蔽塞之蔽漢書東方朔傳主自執宰敝

膝師古曰敝膝賤者之服敝与蔽同又借作萆漢

書韓信傳萆山而望趙軍師古曰萆隱于山間使

敵不見

[illegible]

癘厲 並力制切癘疫氣也厲嚴也○莊子逍遙遊篇使（漢書嚴安傳民不夭厲注厲病也）

物不疵癘釋文癘本亦作厲二字古通

尸部

厲厲 玆力制切 厲勉也 厲見前 ○厲通作厲 漢書宣帝紀厲精更始

泰太 玆他蓋切 泰安也 太甚也 ○泰太古通用 孟子泰山 太山 玆見史記封禪書 亦作太山 漢書食貨志收泰半之賦 郊祀志祭泰一地祇 霍諝傳不泰甚 迫乎太 皆作泰

世代 上舒制切 代也 下徒耐切 更也 ○唐諱世 凡世字皆從用代 或三世曰我不知代間何來而善人

太世 上他蓋切 見前 下舒制切 見前 ○二字古通 太子亦曰世子 左傳太室屋壞 公羊傳作世室

僉 上書外切 五帝諱 又盈也 下黃外切 合也 ○僉通作會 書孟稷日月星辰山龍華蟲作會 釋文馬鄭作繪

鄶檜 上二字古外切 鄶國名 祝融之後 檜木名 下黃

僉會

葉葉 上丑輒切 … 林氏西京賦 … 一 … 一

攝…

九辨 十

辨通二

四五

大部

外切○左傳自鄶以下無譏焉詩經通作檜

二洪作鄶穀梁傳宣十八年邾人戕鄶子于繒釋

文云鄶本或作鄫

儈 会 上古外切朱傳合會市人者下黃外切見前○儈

古借作会史記貨殖傳節駔会

菜 棌 同 禮書云大夫云入 子生宋合葬於近 棌注曰菜又又作棌 釋文曰菜上作菜棌字 菜字宜在前

賴 厲癩 上落蓋切賴藾也串下力制切見前⊕賴厲⊕四

癩四○賴厲古通瀨書厲鄉故厲國也師古曰厲

讀爲賴三通作厲

癩 癘 上落蓋切惡疾也下力制切○癘通作厲史記范

非侍漆身為厲注厲音賴言以漆塗身生創而為
病癩○癘說文本作癘惡疾也之以為疫癘字
別作𤻲

債 責 上側責切通財也下側革切求也○債經史通作
責周禮天官小宰聽稱責以傅別注稱責謂貸予
左傳成十八年施舍已責注止逋責戰國策馮煖
為孟嘗君收責于薛史記作債漢書高帝紀折券
棄責師古曰責讀如債武帝紀勿收責

个 介 上古拜切下古賀切○介个古通用書秦誓若有

大新

一介臣大学作一个臣左傳襄八年一介行李叩

一个昭二十八年君亦不使一个辱在寡人叩一

介鄭樵六書略曰明堂有左右个音介副也

玠介（注古拜切玠說文大圭也○亦作介爾雅釋器珪大尺二寸謂之玠亦作介詩大雅錫爾介圭）

芥介 注古拜切○纖芥細微兒通作介漢書元后傳不以往事為纖介後漢書竇融傳長無纖芥

戒誡 注古拜切戒警也誡亦警也○戒通作誡易（繫辭）小懲而大誡漢書賈誼傳前車覆後車誡注与戒同（左傳桓十一年鄖人軍其郊必不誡）

勸邁 注莫話切勸勉也邁行也○書立政用勸相我國家通作邁左傳引書皐陶邁種德注邁勉也

[illegible]

沬妹

隤兑 上徒對切摩也下杜外切悦也○隤通作兑荀子仁人之兵兑則若莫邪之利鋒注兑聚也与隤同

背倍 上補昧切背違也倍反也○背經典通作倍史記倍字漢書皆作背

配妃 上滂佩切配合也妃匹也偶也○配妃字通詩衛風有狐序恐其妃耦焉左傳禮天子之妃曰后注妃配同史記外戚世家妃匹之愛漢書高后紀高祖微時妃注与配同○說文配酒色也義責妃匹也芳菲切音異廣韻配妃各見

辨通二

徐注会 日改

九辨一

逮遝 工徒耐切及也 下徒合切 趕遝○爾雅釋詁逮遝也〻郭璞云楚人皆云遝邢疏云〻謂相及方俗語異耳禮中庸所以逮賤也釋文云逮本亦作遝

戴戴 上昨代切載羊也乘也 下都代切荷戴亦姓○春秋隱十年宋人蔡人衛人伐戴注戴國今陳留外黃縣東南有戴城釋文云戴音再穀梁傳作載漢郊祀封戴應注表亦音再 載戴古通

[illegible]

賽塞 先代切 賽報祭也 塞遮塞○賽與塞通周禮春官都宗人既祭反命于國注祭謂報塞也漢郊

祀志無塞禱祠師古曰塞謂報其所祈也

慨慷 苦蓋切 慨 忼慨慷慨也○晉書張軌傳登壇忼慨

慷慷与慨通

耐能 上 奴代切耐宋本不罪也大思也能上黑罪○耐

能下通 史記趙世家句讀多人能三年長 漢書晁錯傳其民能寒其民能暑能讀如耐

耐不運聖人耐以天下為一家耐讀作能○宋

祁云古者能字皆作耐漢世以三足之能為能故

今人書能之字有作耐者思且當是古字簡少假借

耳

辨通二

存卿 跋

大辨上

菜采 並上 倉代切 艸之可食者 下 宗宰切 捋取也 ○ 菜通作采 周禮入學舍采合舞 釋之采讀為菜 祀之學必舍菜禮先師也 又菜與采通 菜蔬之屬 又[illegible]為采之

乂艾 上 魚肺切 治也 下 五蓋切 長也 ○ 書乂用三經俱從石經作艾 漢書五行志引書同 師古曰艾讀曰乂 詩小雅夜未艾 史記封禪書艾安 文皆作艾 二字古通

刈艾 上 魚肺切 芟艸也 下 五蓋切 見前 ○ 刈通作艾 漢書朝鮮傳艾朝鮮之旗 師古曰艾讀曰刈 絕也

震振 詁章刃切 震動也 振奮也○公羊傳僖九年桓公振而驚之 戰國策秦王振慴大王之威 史記五帝記 振驚朕眾 證與震通

作振

仞刃軔 詁而震切 仞八尺曰鋒 刃鋒刃也 軔止輪木○仞通作刃 書旅獒為山九仞 釋文云本亦作刃 儀禮士喪禮注天子之旗九刃 諸侯七刃 大夫五刃 士三刃 仞二作刃亦通 軔孟子掘井九軔

疢疹 丑刃切 說文[illegible]病也[illegible]止[illegible] 古從[illegible]瘍切○詩小弁疢如疾首 釋文作疹 今[illegible] 引[illegible]亦作疹

[illegible]

物仞 詁而震切 物滿也 仞見前○孟子於物魚躍 宣又音義曰物丁本作仞 史記殷本紀充仞宮室

九辨 卷一

辨通二

罡兀

刀部

馬相如子虛賦充仞其中者不可勝計物皆通作
仞

認 仞 然而震切 認辨識也 仞見前○認通作仞漢書儒林傳喜因不肯仞喜孟喜也列子天瑞篇天地萬物不相離也仞而有之皆惑也其義仞與認同

韌 刃 然而震切 韌堅柔也 刃見前○詩（箋）柔刃之木荏苒也（荏苒柔木）
韌刃与韌通

吝 遴 然良刃切 吝鄙也 惜也 遴謹選也○謹案漢書王傳曉節遴王莽傳性實遴嗇遴与吝通

（如理[illegible]以己吝遴[illegible]）

殉徇

睢逵

擯儐賓 上二字並必刃切 擯拒也 儐導也 客副曰

介主副曰儐 下必鄰切 ○註詩采君使擯擯与儐

同戰國策六國從親以儐秦 儐与擯同 二字互通

儐或省作賓 禮記必与公士爲賓 注賓讀作儐也

擯之省作賓 史記蘇秦傳其後不長賓之 注云以計長擯棄關西 莊子徐无鬼篇先生山居以賓寡人

言義賓或作擯 擯棄也 ○案擯本說文儐字重文 後人分儐爲儐 擯爲擯

搢縉晉薦 上三字並即刃切 搢插也 縉淺絳色 晉進也

下作甸切 薦也 進也 ○搢紳俗 插笏于紳也 通作

縉 漢書郊祀志縉紳者弗道 荀子禮論縉紳而無

辨通二

五十

鈎帶矣注縉与搢同亦通作薦史記五帝紀贊薦
紳先生難言之徐廣曰薦紳即搢紳古字假借耳
又省作晉周禮春官典瑞王晉大圭注晉讀爲搢
紳之搢○[illegible]也又作[illegible]也

四曰段

鎮填上陟刃切壓也鎮定也下徒年切塞也○鎮古通填史
記秦始皇紀不爲置王無以填之漢書鎮國家吾
不如蕭何刑法志鎮以無爲竝与鎮同又土星曰
鎮星史記天官書漢書天文志皆作填星

僅廑慬堇上二字竝渠吝切僅纔也少也廑小屋慬憂下二字竝巨斤切

傷也堇黏土也○僅通作廑漢書賈誼傳其次廑得舍人師古曰廑與僅同亦通作慬公羊傳定八年慬然後得免又通作墐漢書地理志豫章郡出黄金然堇堇物之所有

峻駿（陖）並私閏切峻高也駿大也○詩大雅駿極于天釋文云駿又作峻○峯峻說文作陖

駿逡　上私閏切駿疾速也下七倫切說文復也又逡退也○亦大侍執豆籩逡奔走書武成作駿

俊峻畯駿　並子峻切說文才千人也畯中見前畯下子峻切

九韻十

典田官㕙音〇書堯典克明俊德禮大學引作峻通畯

峻書謂范 史記秉俊民用章史記宋世家引作畯

𢓊俊駿傳駿傑

俊駿雋上子峻切音中(子峻)閏切音(馬之良者)下祖充切肥

肉也〇俊通作駿史記屈原傳誅駿桀二通作

雋禮樂志進用英雋

選貝

㬈

醞溫經上於問切下烏渾切〇醞蘊音蓄也十通作溫

書義縕傳治啟注少溫藉古字通用

蘊溫𥁕上於問切積也蓄也俗中於問切彩麻下於殞

本作蘊

切恨也○蘊通作緼易繫辭乾坤其易之緼邪亡
通作怨荀子富國篇富有天下而亡怨財注惌同
蘊又屋程全書無蘊字從穀書[illegible]之玄書本作
○運員土王問切圈四下王分王樣王問三切○閏語廣
運五里注東西為廣南北為運山海經廣員百里
員即運字員未有運音故通

左方

第

愿原 上魚怨切謹也下愚袁切○愿經典通作原
揠偃 上於建切壅水為埭下於幰切仆也○揠通作偃
周禮天官獻人注梁水偃也左傳襄二十五年規

[illegible]

偓促 正義曰偓促謂偓之爲齷也

慁溷 並胡困切慁擾也辱也溷濁也亂也○唐書元結傳一第溷溷耳溷与慁通

圂溷

頓敦 上都困切下都昆切○爾雅釋丘丘一成爲敦丘注云詩衛風氓篇至于頓丘是也莊子列禦寇篇敦杖蹙之音義曰敦同頓司馬云豎也此皆借字

左右

萬選 上無販切千千也下思兗須絹二切擇也○萬借作選山海經五億十選九千八百步楊慎曰選字与萬古音通是借其字

耎⿺辶臤 上蘢困切下見音○耎懦仁柔𢘆恵不決之皃通
作⿺辶臤懦譔音清河王傳⿺辶臤懦之恩西南夷傳諸耎
⿺辶臤奥

⿺辶臤耎 細思 踆蘇困切逊讓也耎見音○書堯典汝能庸命巽
朕位釋文巽讓也柔傳巽逊古通用

懣滿 上莫困切煩也下莫旱切盈溢也○懣亦作滿漫
音霽光傳憂滿不食

鈍頓 上徒困切不利也頓也下都困切○鈍通作扤谍
音陳湯傳𢓭刃不扤又莫邪為扤程方進傳遲扤

辨干

不及事又陳平傳士之頑鈍漢書作頓

悍旱

豻干上五旰切胡地野狗下古寒切——○豻侯

射的省作干儀禮大射禮量人量侯道干五十注

干讀豻豻侯者豻鵠豻飾也

岸豻

干並五旰切獄名不須[illegible]○詩小雅宜岸宜獄[illegible]鄉

亭之繫曰豻

爍粲

並蒼按切燦明也粲米白皃○說文燦爛明瀞皃

通作粲詩唐風角枕粲兮錦衾爛兮

裸灌

並古玩切裸酌鬯以裸地也灌[illegible]也○裸

叟案

經典通作瀅周禮春官注裸之言瀅也疏云以鬱鬯瀅地降神取澆瀅之義故從水

碫鍛 並丁貫切碫礪石也鍛冶也○詩大雅取厲取鍛釋文云本又作碫二字通

悍旱 並侯旰切悍勇也旱不雨○漢書賈誼傳水旱則旱亦悍旱與悍同

判泮 並普半切判分也泮泮宮○判通作泮史記賈誼傳自天地剖泮未之有也

畔泮 上薄半切畔田界泮見前○詩衛風隰則有泮箋

九辨下　辨通二　五十二

卷四

九辨十

云泮讀曰畔

叛畔 蒲半切 叛背也 畔見前 ○晝音征 畔官離次畔

與叛通 經典中叛多通作畔

贗鴈（䩄俑） 五晏切 贗偽物 鴈（說文）鵞也 ○贗省作鴈 韓非子 伐魯索讒鼎魯人以其贗往齊人曰贗魯人曰真

幻眩 上胡慣切 相詐惑也又幻術 下黃絢切 惑也亂也（目無常主）○幻通作 眩史記大宛傳安息王以黎軒善眩人獻于漢注 眩與幻同即今吞刀吐火虞人戲馬之戲皆是

慣串 上古患切 習也 下尺絹切 串（相連貫）也又習也 ○宋書宗

惡傳軍人串噉粗食荀子大略篇國法禁拾遺惡
民之串以無分得也梁簡文帝請長尊串衆著註
通作慣

辦辦 蒲莧切辦致力也又具也辦別也○辦與辦通
考工記以辦民器注辦具也史記項羽紀項梁常
（易剝牀以辦釋文云辦音辦具之辦）
爲主辦辦皆作辦辦篆文本作辦廣韻以辦爲辦
字之俗非也

䏲䏲 （二字古多通用）

楝湅 郎甸切楝木名鵷雛食其實楝練也○莊子非
湅實不食湅與楝通

辦通二

大韻一

硯研 上聲向地下五堅切說文礦也○硯通作研漢書陳安世傳封祖小与上同研部璞江賦綠苔髮髮乎研上注研滑石也与硯同○說文硯研二義俱分七合為一

宴燕 然于向切宴安也燕亂鳥○詩小雅以燕樂嘉賓之心注燕安也燕与宴通

易中孚有他不燕疏云燕安也

荐薦 然作向切荐仍也薦薦也○左傳晉荐饑亦雅注仍饑為荐通作薦詩小雅天方薦瘥大雅饑饉薦臻然与荐通漢書終軍傳隨高薦居師古曰

荐讀與作薦之也

○上

銑扃 上之人賦切說文宗泉也下古熒切之外閉閉也○易泉象蒙作鉉鼎黃耳金鉉高之也亦作扃儀禮士冠禮設扃冪鄭注扃今文扃為鉉[illegible]

禪擅儃 上市戰切禪讓也擅專也下平連切[illegible]也〇按

通作擅前漢[illegible]齊楚擅[illegible]

[illegible]詳同[illegible]作儃[illegible]

[illegible]作[illegible]之[illegible]同[illegible]

鄄甄 上規掾切[illegible]鄄城[illegible]下居

延切陶也又人名〇鄄從作甄史記

[illegible]世家七年[illegible]桓公于甄

杜預曰甄衛地[illegible]鄄甄[illegible]

[illegible]

[illegible]甄[illegible]

窒窐

[illegible]

從存

舊讀曰存

綫綖 上私箭切線同絲縷也下以然切冕前後垂旒也

〇綫通作綖公羊傳中國不絕如綫綫從糸戔〇荼

傳作不絕如綖

眷婘 上居倦切親屬下巨員切廣韻美皃詩雅好也〇

漢書樊噲傳諱諸呂婘屬婘與眷通

戀攣 上力眷切眷也下呂員切係也〇戀字通爲小

畜有孚攣如釋文云子夏傳作戀漢書外戚李夫

人傳攣攣顧念也注云攣讀曰戀又叙傳眷戀學于

世教矣[illegible]同

辨通二

九辨十

九辨十

首　半

𢍰皮变切○卞弁字通漢書東方朔傳弁嚴子爲衛尉即卞莊子又吳興卞山亦作弁山

拚（抃）弁　𢍰皮变切拚（抃）本作抃拚拊手也弁是也○亦抃通作弁漢書嚴延年傳吏皆股弁注股弁股戰若弁弁經拊手王莽傳予甚弁焉注弁拊也一曰拊手言驚懼也

徧辯　辯上卑見切帀也上符蹇切言辯下皮莧切見前○徧通作辯禮曲禮並殽辯殽注辯言徧義同又通作辯史記五帝紀作辯（書舜典徧于羣神）

叢書

立古方
○覵僩 上古莧切窺視也下下赧切武皃○覵通作僩
王充論衡璠璵寶物也魯人用斂姦人僩之
㝹溺 上奴弔切說文人小便也下說文而灼切溺水作書
小溺之為[illegible]瀝也沒也○㝹古借作溺史記鄭生傳（老縣佳賓客飲老醉便溺耳）
客冠儒冠來者沛公輒解其冠溲溺其中範甲辨
安國傳客曰然即溺之莊子（知北遊篇）道在㝹溺
肖宵 上私妙切類（似）也下相邀切夜也○漢書刑法志夫
人宵天地之貌宵與肖通
慓剽 並匹妙切慓疾急也剽彊取○漢書周亞夫傳楚

九辨十

軍睴輊謹与爭鋒睴与𢢔通

杪眇

㪣上弥笑切精細也好也下亡沼切說文一目小也○妙借作眇易說卦傳杪萬物而爲言者也釋文云杪王肅作眇漢書律歷志究其微眇藏文志条允淵眇中山靖王傳忽閔幼眇之聲儒林傳遡古經之眇論師古曰眇讀曰妙楚辭九歌美要眇兮宜修洪興祖補注曰眇与杪同○說文云杪字糸部紗急戾也玉篇目䏚精也又眇說文一目眇弥紹切廣韻杪去平聲笑韻眇杳上聲小韻本是兩字或以眇爲

今作杪弥沼古

字陶

字累文非也

布帘見入

燎轑 上力照切燎繚火也轑車輻也○燎通作轑誤書
杜欽傳蓋轑天下師古曰轑謂燎侵從用之

轑橑 上力照切見前下落蕭切椽也○誤書張敞傳謂
之殿屋重轑中注轑椽也轑與橑通

櫂濯 上直教切所以進船也短曰楫長曰櫂下直角切
澣濯○櫂通作濯誤書百官志上林苑有輯濯丞
師古曰輯與楫同濯與櫂同元后傳輯濯越歌

傲謸 上五到切倨也下平五交切同聱廣韻不肖語也

辨通二

○儌通作徼荀子禮論篇歌謠謸笑

媢冒 並莫到切媢說文夫妒婦也冒冡也○媢省通作冒書秦誓冒疾以惡之

瑁冒 並莫到切瑁圭名天子所執冒見前○周禮春官典瑞天子執冒四寸以朝諸侯瑁省作冒

耄旄眊 上莫到切禮八十九十曰耄中莫報切說文幢也下莫到切目不明皃○耄與旄通周禮秋官司刺再赦曰老旄孟子反其旄倪戰國策旄不如人亦通作眊漢書孫寶傳（武帝紀老夫老眊）年七十誖眊注與耄同

奧隩　説鳥到也。奧，深也。隩，水隈崖也。○尔雅釋宫：室西南隅謂之奧。釋文云：奧本或作隩。史記夏本紀：四奧既居。書禹貢作四隩既宅。莊子天下篇：其塗隩矣。釋文云：隩，深也。奧、隩蓋通用。

荷儋　説：儋，何也，佐切何又作荷儋也。賀，度也。○荷通作賀。唐書鄯靈後傳：尋亞只賀戮佞。

莝摧　上則卧切，斬芻也（細斫藁）。下咋回切，折也。○莝通作摧。詩小雅：摧之秣之。

播番　説：補過切，播，種也（一曰布也）。説文：番，古文作𤰕（附袁切），獸足也。○書

大穀十

堯典播時百穀古文尚書作圉播与番蓋古通播之通圉也

䉾播 𦬊補過切䉾揚米也古篠播見前○䉾亦作播莊子人間世篇鼓筴播精足以食十人注簡米曰精播揚也

座坐 𦬊徂臥切座牀座也坐行之對○座通作坐漢書梅福傳當戶牖之法坐注法坐正殿朝處後漢書孔融傳坐上客常滿

架枷 上古訝切屋架也又衣架下古牙切連枷打穀具又項械也○架或通枷禮曲禮不同椸枷

播鋌李氏刊本無鋌音 畢氏鋌亦播

價賈 上古訝切物直也下公戶切坐賣售也〇價經典通作賈

亞惡 上衣嫁切次也下烏各切不善也〇史記盧綰傳綰孫它人封亞谷侯漢書作惡谷讀林定人有獲玉印文曰周惡父印劉原父曰漢條侯印也亞惡二字古通

訝迓 並吾駕切訝相迎也說文引周禮諸侯有卿訝徐鍇曰從以言音迎而當之也又駭怪也迓迎也〇訝迓通用周禮秋官迓士注迓迎也士官之掌迎四方賓客〇

樹謂左傳昭二十年定公卑詹之以為訝注未亦樹前子王之翰墨亦樹等字溢同訝同本移感同字較大以年作謂

九辨十

案二字音義雖同故通用之但以許為粮許字

蘿蘿 上慈夜切下秦昔切○醖藉漢書作温藉以藉之亦

作藉二字不通

諒涼良 上力讓切信也佐助也中下呂張切涼薄也

良善也○諒通作涼詩大雅涼彼武王傳云涼佐

也本亦作諒二通良和禮記易直子諒注子諒朱

子讀為慈良

讓攘 上人樣切謙也下如羊切（汝陽切竊也又）攘攘○讓通作攘漢書

禮樂志隆雅頌之聲集群攘之實藝文志並家者

悵郭 上知亮切下諒良切悵恨也○禮記[illegible]郭[illegible]延凡喪[illegible]位[illegible]一郭內[illegible]上[illegible]箕[illegible]一西郭[illegible]日

滾合于亮之亮攘易之藩之

帳張　上知亮切帳[illegible]也情也[illegible]下陟良切[illegible]施也　帳張字通用　漢書高帝紀張飲三日注張帷帳也

脹張　上知亮切腹滿也下見前○左傳成十年晉侯將食張如廁　注張(中亮反)與脹通

暢鬯　丑亮切暢達也鬯香艸○暢與鬯通漢書郊祀志艸木鬯茂注鬯與暢同

[illegible]

向鄉　上許亮切說文北出牖也又嚮[illegible]書也下許良切已見○向經典通作鄉禮記明堂位刻極達鄉又南鄉而

九辨　辨通二　字

六新

仗杖

三又註讀鄉也吾見于夫子而問知

仗上直亮切（持也又）憑倚也杖下直兩切所以扶行也○

仗通作杖左傳襄八年杖信以待晉（書牧誓王左杖黃鉞）漢書李尋傳

近世已不足杖矣注與仗同

尚上

尚時亮切庶幾也又崇也貴也上下之對○尚書

序尚者上也言此上代以來書故曰尚書詩魏風

上慎旃哉漢書雲注傳上親上問上吳上貴直兵

侍從天下未審所上注與尚同二字通

剏創

剏初亮切剏造也創懲也○剏經典多通作創

瞻皆上亞救切下視下或平聲切曰長年上如○周禮云眷而庶家旨視而又聽膝傳旨云而其礼所以作此視

況兄 上許訪切，詞也；下許榮切，長也。○詩小雅「況也永歎」，釋文：況或作兄。管子大臣篇「兄與我齊國之政」，以兄為況。漢書尹翁歸字子兄，師古曰：兄讀為況。漢樊毅碑、華岳廟碑、吳善必書兄為茲，往況但作兄。二字古蓋通用。互詳辨音。

貺況 並許訪切。貺，賜予也；況，見前。○貺通作況，漢書武帝紀「禮天地況施」。

伉抗 並苦浪切。伉，敵也；抗，扞也、舉也。○並[illegible]（漢書張良傳子貢[illegible]字，詩[illegible]所已固哭，三老亦庭抗禮，此[illegible]字以文為）

荀[illegible]抗（作伉）

九辨十

與伉同

曠（壙）廣 上苦謗切遠也（二字注）（曠久也）（通作壙）（壙塹穴）下古晃切大也○曠（異）作廣漢書（通作壙漢書所藏傳託沈陵以壙）（久又）

五行志師出過時謂之廣○案（曠久）曠之曠說文作

（閒也）懭字在心部又日部曠明也異字

傍並 上蒲浪切倚也近也下皮命切倂也○傍（異）（異）通

作並史記秦始皇紀並河以東大宛傳並南山漢

書郊祀志小傍勃海史漢傍字顏古作並內經亦並

鏡竟 上居慶切鏡鑒也竟窮也○鏡古器多作竟漢隸

字原李氏鏡銘李氏作竟佳且好青羊鏡銘青羊

甞黨 上丁浪切說文大盆也下多朗切黨自○甞通作黨吳越春秋甘蜜百甞注甞亦作甞

棋蓋 謂蓋底以蓋釋名蓋亦作蓋箸有之自關而東謂之……乃其

作竟四表伏宜和持古周澄冉禮鏗晏作明竟尚

方鏗尚方作竟鏡光而竟

盂盟 王莫吴切下武兵切〇壹禹貢被孟諸澄壹地理

志作盟豬史記周本紀武王觀兵于盟津壹禹貢

作孟津二字古通

柄秉 上陂病切权也下兵永切执也〇澄壹五行志敖生

史記天官書二十八宿主十二州斗秉兼之注云古字同柄秉

重之秉回注与柄通〇柄或作棅秉从棅省

性生 上息正切生之質也下所庚切〇周禮曰陰以王

全之澧辨五土之物生釋文云生杜讀作生

娩䜌 上亡辨切說文疑也下莫殺切謾也〇娩俗作疑奇氏祖也文當曰爲國呼以通行之號

屏遂 遂音鄰 遂音鄰遂遂通遂方大字 遂該の李本注用音遂 主也用

供遂手因人

九辨 辨通二 卅 室

巹卷 竝苦本切 盤屈也 說文作[illegible]也 手不也 ○ [illegible]
作[illegible]云詞[illegible]如[illegible]左
[illegible]作[illegible]

六辨

睥婢 竝匹正切 說文睥闚也 婢娶也 ○ 隸釋偏婢(婁卑)[illegible]
睺瞳王庭碑云皇家書婢作睥 二字古蓋通用

屏併 竝卑政切 屏除也 屏㝎也 併兼也 ○ 屏經典通作併

孚嬴 上以諸切 怗狂也 下以成切 帝少皞之姓 ○ 管子
四時篇 春嬴育夏長養 嬴與孚通

宥又（侑侑） 竝于救切 宥寬也 又猶更也 ○ 禮王制王三又然
後制刑 又與宥通 又通作侑（侑酬也） 管子法法篇文 三侑武 一赦

侑宥右 竝于救切 侑四 宥四 宥見前 右佐也 今作左右
字 ○ 侑通作宥 周禮春官大司樂 王大食三宥也

祐右　此字從示右聲助也右亦聲○
祐亦作右詩周頌維天其右之
書太甲皇天眷右有商祐
秋日

[illegible]

令奏鐘鼓又通作右周禮春官太祝以字右祭祀
注右讀為侑勸也

咮注　上陟救切鳥啄下之戍切○咮通作注考工記以
注鳴者精列蟋蟀蓋

齅臭　上許救切以鼻收氣也下尺救切凡氣之總名○
荀子臭之而無嗛於鼻又三臭而不食也注與齅
通

[illegible]

咒祝　上職救切詛也下之六切說文祭主贊詞者○戰國策
許綰為我祝祝通作祝書無逸否則厥口詛祝疏云

九辨下　辨通二　廿三

又戴十

以言告神謂之祝請神加殃謂之祝詛大雅侯作

侯祝○毛以祝爲詛祝也而云祝詛之祝義故祝音之又反

溜 霤

甚力救切溜水垂下也霤屋水流也○溜通作霤

漢書枚乘傳泰山之霤穿石又今俗霤之霤亦通

作溜

售 讎

上承呪切賣物出手也下市流切仇也○售讎字

通詩大雅無言不讎箋云教令之出如賣物之善

則其售賈貴物惡則其售賤漢書高帝紀每酤（高帝紀讎數倍宜）

錢貨賈當取大讎師古曰讎讀曰售揚子云讎

蓋觀詩鄭氏箋聞見多釋文

言之本亦作觀去逸切今從

[illegible]

賣又讎字[illegible]

[illegible]

俗未必係真

扣叩

上並苦候切 上 說文作敂擊也 下 問也 ○ 二字經典通用 ○ 玉篇扣擊也 廣韻扣擊也亦作叩並收上聲 廣韻去聲五十候上收扣字 說文扣牽馬也 若后切 敂擊也 敂 苦候切 今从說文音叩 從玉篇廣韻音

（旁注：下苦后切 從說）

懋楙茂

並莫候切 懋美也勉也 楙爾雅曰木瓜也 茂草木盛也 ○ 書懋遷有無化居 漢書食貨志作楙 凡書懋字漢書俱作楙 又通作茂 董仲舒天人策引

（旁注：漢書蠠（暨）傳 夏以長楙）

九辨 辨通二

九辨

書戡（堪）武戡（堪）武蓋（作蓋）古者堪與戡勘通而勘又與淺通也

讀（逗）投

上（本）徒谷切又田候切句讀也下度侯切○讀俗作投馬融長笛賦曲者觀法于節奏察度于句投

讀上田候切窒也下徒兮切也讀與讀通左傳襄二十年注
巷門之讀八釋文讀通音豆
周禮注四宮五穀○華注本作
宮言左傳十二年讀之正是
也同字有

奏族

上則候切進也下昨木切○奏俗作族詁以雅不具入族漢書嚴安傳調五聲使有節奏蘇林曰族音奏師古曰族進也

穀穀

上古侯切下古祿切○說文穀亂也徐鍇曰楚人謂乳曰穀故名子文曰穀於菟漢書敘傳作彀盖

去麦

是借字

彀句　上古候切張弓也　下古候㊀切曲也㊁㊂㊃○彀借作句詩大雅雕弓既句

雊呴　上古候切雉鳴也　下況于切噓吹之也○史記殷本紀有飛雉登鼎耳而呴　呴与雊通○案夏小正雉震雊注震也者鳴也雊也者鼓其翼也

蔟族　上倉奏切太蔟正月律　下昨木切見前○蔟通作族漢書律曆志一曰黄鍾二曰太族

腠湊　並倉奏切腠膚理湊水會也聚也○刘勰文心雕

九辨

註善氣篇湊理今俗湊与腠通

輳湊　注倉奏切輻輳輻共轂也湊見前○輳通作湊史記張儀傳四通輻湊要注傳輻湊竝進

扁漏　注盧候切說文扁屋穿水下也漏刻漏○扁〻通作漏漢書地理志交趾郡句扁〻〻二作句漏

妊任　上汝鴆切懷孕也下如林切說文保也又汝鴆切二當也○史記鄒陽傳注紂刳任者觀其胎產任与妊通

薩陸

琀含（唅）　上胡紺切說文送死口中玉也下胡男切銜也○下胡紺切哺也琀通作含周禮典瑞共含玉注含玉柱左右

頤及齒口中者二通作唅晉書皇甫謐傳殯唅之

禮檀弓降哭又實於米貝含疏云含以玉實口也春秋文五年王使榮叔歸含注珠玉曰含含口實也

物

唅含 上胡紺切哺也下胡男切見前○史記貨殖傳唅菽飲水之通作含

䀡䁲 上吐濫切吏人以財䀡㽗曰䀡下徒甘切安也○䀡通作䁲後漢書南蠻傳殺人者得以䁲錢贖死注引何承天纂文云䁲蠻夷䀡㽗貨也

左旁

○蔭陰音 上於禁切庇也中下竝於金切○蔭通作陰詩旣之陰女又通作音左傳文七年庇焉不擇

辨通二

宗

鋥从金呈聲除庚切鋥亞也出鋥也○
鋥亦作呈玉篇鋥人爭于小
從占于戈從刑僕作貝傳
從陸也閩以錢從

喋聆

贍澹

音注所載諸之變古字借用

上時艷切給也下徒敢切小見史記辭也○贍借作澹漢書

食貨志猶未足以澹其欲也師古曰澹古與贍通

荀子物不能澹則必爭楊倞注澹讀為贍植寬盧

錢注飢寒于道將何以澹之又哀元元之未澹注

与贍同

氾汎

注孚梵切氾濫也泛汎亦作泛浮也○二字古通

周禮王制禄與眾共之釋文云氾本又作汎

論語汎愛眾以氾為汎

入聲

剭屋

注：烏谷切。廣雅：剭，誅也。屋，舍也。○易鼎卦「其形渥」，鄭氏作「其刑剭」。漢書敘傳「底剭鼎臣」，服虔曰：剭者厚刑，謂重誅也。通作屋。周禮秋官司烜氏「邦若屋誅」，注引易「其刑剭」。

麓鹿

注：盧谷切。麓，山足。鹿，獸名。○麓鹿字通。書大麓。（書舜典「大麓」一作「大鹿」）易屯卦「即鹿无虞」，釋文云：王肅本作麓。詩大雅旱麓，釋文云：麓本又作鹿。周語引作鹿。春秋僖十四年「沙鹿崩」，穀梁傳云：林屬于山為鹿。杜注云[illegible]

九辨廿　辨通二　室

此數字音促○注云疾促數也
正義曰言常數數速也

九辨七

錄碌磨娽陸　盧谷切○史記平原君傳公等錄錄注猶碌碌言循眾也漢書蕭何傳贊錄錄未有奇節注錄錄猶磨磨也毛遂語作娽娽後漢書馬援傳作陸陸注通

扑剝　上普木切擊也下北角切普也○詩豳風八月剝棗剝與扑同

速數　上桑谷切疾也下所角切屢也○速俗作數禮樂記衛音趨數煩志注云趨數讀爲促速曾子問不知己之有遲數鹽中諸侯以幣馬踐歸不數注云

斛穀

逵同

鶩匹 上莫卜切 舒鳧俗呼之鴨 下普吉切 說文四丈也 ○鶩借作匹 禮記曲禮 庶人之摯匹 孟子不能勝一匹雛

複復 上方六切 重也 ○複重 高帝紀 從複道上望見 諸將注 上下有道曰複道 亦通作復 史記秦紀 為復道自阿房渡渭屬之咸陽

伏虙 上房六切 ○虙說虙古與伏通 伏羲亦作虙羲 孔子弟子虙不齊 後人云 濟南伏生即虙子賤之後也

[illegible]

九辨十

辨通二

[illegible]

九辨十

箙服　注房六切箙盛矢器○箙省作服詩小

雅象弭魚服箋云矢服也周語[illegible]弓服二字又作[illegible]

戮僇　注力竹切戮殺也僇辱也○戮通作戮僇書戮于

社史記夏本紀作僇

勠戮　注力竹切勠并力也勠見前○書湯誥與之戮力

漢書高帝紀戮力攻秦注與勠通

陸睦　上竹力切高平曰陸下莫六切和也○易夬卦莧

陸夬夬釋文云陸蜀本作睦陸古睦古通

柚軸　注直六切杼柚織具也杼受經柚受緯　軸車

輗軏注作輗軏漢書有謂孔安國
段玉裁說是

轂〇詩小雅杼柚其空軸与柚同今通用軸字

阬鞫

其居六切廣韻水外曰阬說文䠞蹋鞫也〇漢書地理志詩芮阬師古曰阬与鞫同詩芮阬之即韓詩作芮鞫（阬同取鄭箋方良注引詩作汭阬）則鞫乃借字

菽叔

其式竹切菽說文作尗豆也叔季父〇詩豳風七月亨葵及菽釋文云菽本亦作叔禮檀弓啜菽飲水盡其歡釋文云菽或作叔漢書昭帝紀得以叔粟當今年賦師古曰叔豆也（漢書作叔之本字作菽）

蹙顣

其子六切蹙迫也蹵蹋也〇漢書董仲舒傳以迫

九辨卅

前通二

完

大雅一

楚茨楚與國通

燠奧 上於六切煖也下烏到切已見○燠奧字通詁小雅日月方奧注奧煖也禮內則問衣燠寒釋文云燠本之作奧漢書五行志厥罰常奧

肅宿 息逐切下索歷切○禮祭統先期旬有一日宮宰宿夫人注宿讀為肅肅戒也又儀禮宿广注宿與曲禮主人肅客之肅同[illegible]

[illegible]也

宿戚 上息逐切 下宗歷切 ○ 宿春秋孫文子之邑史記
借作戚蓋戚本有促音而宿與蹙促又音近而借

睦穆 並莫六切 睦見前穆義也 ○ 睦與穆通史記司馬
相如傳旼旼睦睦注睦一作穆穆

穆繆 又 並莫六切 鄭 ○ 穆與繆通 昭穆廟序之通作繆 禮大傳序以昭繆注繆與
穆同又秦繆公魯繆公左氏傳作穆

蓄畜 並丑六切 蓄聚也 畜田畜也 ○ 蓄畜字通鄭丑六
書畮曰畜田畜也而為蓄聚之蓄借音不借義

跼局 並渠玉切 跼曲也 局說文促也 ○ 跼亦作局詩小

畜備

蘀篤

篤之一毒 上冬毒切 [illegible] 注切○篤同 [illegible] 又 [illegible] 作 [illegible] 注 [illegible] 一作篤 又 [illegible] 有同 [illegible] 鮮 [illegible] 毒 [illegible] 注即 [illegible] 同三字 [illegible]

九辨十

苖曲

丘玉切（俗）（反）苖蠶薄也曲不直也○揚子方言薄宋魏陳楚江淮之間謂之苖通作曲禮月令季春具曲植籧筐注曲薄也漢書周勃傳織薄曲爲生○玉篇曲或作笛廣韻苖蠶薄亦作笛

四月改

促趣趨

上七玉切速也迫也○三字通用禮樂記衛音趨數煩志注趨數讀爲促速漢書高帝紀之趨銷印師古曰趣讀曰促促速也又禮月令乃趣刑獄史記項羽紀數使使趣齊兵漢書灌夫傳爲趣致

（曹參傳告舍人趣治行）

覺桷 同以入
角确㱿
角兼作确注云支反待㱿与甶确
注曰雖時亦女文角桷我亦同
时所作彼而孔子角力孔桷絜也
史記支固作卜㱿抳
角校 校設本從上也
王子子人猶較亦角也

韈下駒注与從同

朴樸 注云角切 朴木皮也 樸木素〇也凡物未成者皆謂之樸 質樸之樸亦通用

朴〇又職樸之樸音僕不通朴

逴遠 上敕角切 高也 下敕角切 遠也〇漢書 史記 霍去病傳

逴行殊遠 漢書作卓 楚辭哀時命 處卓卓而日遠

注 卓一作逴 二字通

櫍質 注之日切 櫍椹也 行刑用斧櫍 質樸也〇櫍或作

質 史記石奮傳 不當伏斧質

實寔 上神質切 虛之對 下常職切 寔也是也〇二字古

九辨十 辨通二 圭

六辨十

通[illegible]用詩召南寔命不猶釋文云寔韓詩作實左傳桓六年寔來杜注寔實也

秩袟 毖直一切秩常也序也數篇秩劒衣○秩通作袟唐李華玉患詩宮袟蓋輕杜甫朝享太廟賦六宮成袟

一壹 毖於悉切一數之始壹專壹也○儀禮士冠禮壹揖壹讓注云古文壹皆作一疏云一壹古通用小雅壹醉日富周禮典命其士壹命禮大學壹是皆以修身為本公羊傳隱二十九年不壹而足皆以

附載

壹為一誤書凡一字亦皆作壹貳侗六書故曰今

惟財用出入之簿書用壹貳參以防姦易

桼漆

並親吉切桼木汁漆水名○漆通用漆字（作典 不勝書）

七桼

並親吉切七數名桼見前○七亦多借作桼大寫

經運諸桼改又攢之二桼方書吳有桼城之壺王

蔣侯鉅銘重五十桼行漢碑及五經文字凡七皆

作桼桼後人別造為柒非是

逸佚失

上二字並夷質切逸縱也又隱逝也佚逸樂也下

式質切遺也○逸通作佚書云逸失記作云佚盡（字通為奴佚）

辨通二

子逌佚而不怨注壹梅福傳佚民不羣注与逸同
二通失莊子应帝王篇自失而走荀子宥坐篇其
馬將失

佚失 土夷質切下式質切註見前○書舜攸勿佚注
書作失昌佚前人光王莽傳作失五行志魯夫人
淫失于齊章教桓公注与佚同

軼逸 注夷質切軼車相過也又突也逸見前○軼通作
逸史字通記管晏傳贊語其軼事以軼為逸諸葛亮書
未若顏之逸倫超羣也以逸為軼

佾溢 音夷質切 佾舞行列也 溢滿也○佾與溢通誤者

禮樂志千童羅舞成八佾

鎰溢 音夷質切 國語二十四兩為鎰 趙岐孟子注 鎰二十兩

鄭注三十兩 溢見前○荀子 甘 鎰○墨子 溢者 鎰通作溢 禮記喪記 朝一溢米 夕一溢米 方氏曰溢與鎰同 米二十四分升之一 二十四兩曰鎰

志黄金以溢為名 溢通作鎰 日 荀子儒效篇 千溢之寶 韓非子五蠹篇 鑠金百溢 音與

姝疾 音秦悉切 姝妒也 ……

觱畢 音卑吉切 觱發寒風也 畢竟也○詩豳風一之日觱發 釋文云觱說文作畢 又書大誥 攸受休畢 古文尚書作觱 漢郭昊碑 洪纖觱畢 二字古通

彌拂 上薄密切 輔也 中分物切 拭也 又違戾也 下符勿切○彌與

九辨 辨通二 七三

六辨十

拂弼　拂通孟子入則無法家拂士史記夏本紀予即辟女匡拂予漢書東方朔傳拂主之邪注與弼同又通佛詩周頌佛時仔肩箋云佛輔也

述術　述食聿切述循也術邑中道又救術○二字古通詩邶風報我不述釋文云述本亦作術禮祭義結諸心形諸色而術省之鄭氏注云術當為述儀禮士喪禮筮人許諾不術命鄭氏注云古文術皆作述

黜絀　上丑律切貶斥也下竹律切說文絳也○黜通作絀禮王制不孝者君絀以爵書三考黜陟史記作絀周

怵訹

訹術史記建元以來侯者年表術陽侯建德索隱曰表在下邳術與訹同

本紀既往殺命封禪書由此往儒生史漢凡與字

通作往

韍紼芾 北分勿切 韍說文市字重文韠也[illegible][illegible]作[illegible]紼大宗英者引車芾艸木盛也○韍通作紼白虎通紼者蔽也所以蔽前天子朱紼諸侯赤紼詩載通作芾詩曹風三百赤芾傳云芾韠也小雅朱芾斯皇

紱紼 北分勿切 綬也紼見前○紱與紼通漢書丙吉傳上使人加紼而封之師古曰紼繫印之組也莊子逍

大雅十

逢遊篇注云以滋紱其心矣釋文云紱本又作紼

紼茀　並分勿切紼見前茀草盛皃又方味切○紼通作茀左傳宣八年葬敬嬴旱無麻始用葛茀注茀所以引柩

祓茀弗　並分勿切祓除災求福也茀見前弗不進也○祓通作茀尔雅釋詁祓福也注引詩祓祿尔康矣今詩作茀亦通弗詩大雅以祓無子注弗之言祓也祓除其無子之疾

怫沸　並分勿切怫鬱也沸見前澤沸泉出皃○漢書溝洫志魚弗鬱兮栢冬日史記河渠書作

沸詘与怫通

屈詘 詘區勿切屈曲也註㊀解塞也㊁枉㊂曲㊃退○屈通作詘漢書陳湯傳再留不能詘申又註指計時日荀子勸學篇若挈裘領詘五指而頓之注詘與屈同非相篇綴急嬴詘注詘亦屈伸也

倔屈 上九勿切下區勿切○倔彊梗戾兒通作屈史記陸賈傳乃欲以新造之越屈彊于此

瞂伐 詁扶發切瞂盾也揚子方言自關而東謂之干或謂之瞂關西謂之盾伐征伐又積功也○瞂通作伐

閥閱 上房月切下弋雪切……

九辨一

詩秦風蒙伐有苑注蒙雜文伐中干也盾之別名

粵曰越　並王伐切　○粵美安語辭也亦作曰又作越粵（爾雅釋詁粵曰也）

通（曰詩越予來又揚越亦作粵）

聿曰（詩並今曰爲語辭書曰為聿曰）

瘚厥蹷　並居月切　瘚逆气也　厥其也　蹷僵也　○瘚亦作厥（陰氣上爭下而寒厥陰上下而厥注厥逆也）通

亦作厥史記扁鵲傳亦作蹷通

歾沒　並莫勃切　歾本作殁終也　沒沈也　盡也　○二字今

通用

曶忽　並呼骨切　忽輕也　曶說文出气詞也　○忽通作曶

漢書揚雄傳于時人皆曶之注曶與忽同又仲

厥屋　上居月切　下匠切　○書鈌厥字从羊皆作屋

揬抈揆

㶊突　㶊㶊　並作突

曶　並呼骨切又及古以擬也　○曶

窜竄　上　切　下　切

包湼去乜今人表作仲曾

𣨛卒　上藏没切𣨛亡也卒隸人給事者衣因衣卒○𣨛經典通作卒

麧覈　上下没切孟康曰麦糠中不破者下下革切考事得实也○麧通作覈漢書陳平傳亦食糠覈耳

曷害　上胡葛切何也下何蓋切傷也○曷害古字通詩周南害澣害否注害何也書大誥王害不違卜注害作曷孟子时日害喪

羍達　上它達切小羊也下唐割切通达○羍通作達詩

[illegible]

愒喝

九辨

辨通二

九辨

大雅誕彌厥月先生如達注羊子易生無留難也

遏曷按上烏割切遮也絕也中見前下烏旰切抑也○

遏通作曷詩商頌則莫我敢曷注曷遏通亦通作

按詩大雅以按徂旅孟子作遏

刪

閼遏註烏割切閼止也說文遮壅壅也遏見前○左傳虞閼父為

周陶正漢碑作遏父

筈括註古活切箭末曰筈受弦處也括包括○筈通作

箭括釋名矢末曰括書太甲往省括于度則釋家語

括而羽之鏃而礪之

脫佗

脫梲說稅　脫土活切肉去骨也梲戰悅切梁上楹也說失爇切言論也稅輸芮切租也斂也○脫通作稅荀子禮論凡禮始乎梲成乎文終乎悅史記作始乎脫亦通作說易蒙卦用說桎梏禮檀弓遇舊館人之喪更子貢說驂而賻之又通作稅（詩小雅彼宜有罪女覆說之）左傳及豐阜而稅之

秸稾　秸古黠切稭穀去皮也稾穀也（刈禾半藁曰秸半藁不去皮曰秸）○書禹貢三百里納秸服漢書地理志作稾師古曰稾也

跋拔　上蒲撥切蹎也下蒲八切擢也○詩狼跋其

辨通

[illegible] 同改

樗桂 樗桿同字異 亦或作樗

淙卻 卻也卻從卪谷聲其入于卻地曰宗 一從卻地從間隙也 沉濤注

大雜七

胡釋文云跋字或作拔性與西京跋眡盱拔屋交

善注云拔與跋古通

潔挈 工古屑切清也下胡結切度也○潔經典通作挈

詩小雅挈爾牛羊左傳桓六年挈粢豐盛○說文

挈古屑切麻一耑也々無此義

改在

○契挈 上苦結切契勤苦也又契踈闊也挈持也○詩邶風

死生契闊釋文云契本亦作挈亦正釋天虹為挈

貳釋文云挈或作契二字通

抉觖 上古穴切抉剔也觖怨望○抉與觖同漢書孫寶

鈌 鉞 上 苦穴切 [illegible] 下 [illegible] 切
說文刺也 ○史記司馬相如傳
[illegible] 鈌 [illegible]
[illegible]

傳故欲插觖以揭我惡 注 插觖[illegible] 挑[illegible] 抉同

決抉 玦 古穴切 ○決拾 即 所 以 扳 指 也 通作抉 周禮夏官射人掌王之用弓矢 繕弋抉拾 注 抉拾 抉矢時所以持弓飾也 著右手巨指 [illegible]

迭佚軼 上 徒結切 遞也 中下 夷質切 見前 ○迭通作佚 史記十二諸侯年表 四國迭興更為伯主 亦通作軼 封禪書 軼異軼褱

嵲霓 嵲 五結切 嵽嵲 山皃 霓 蜺虹 ○嵲借作霓 [illegible] 西京賦 直嵽霓以高居 注 嵽霓 高皃

九辨十

蠛蠓見叉

莫蔑見敄

鐵戟

契挈

蔑密 上莫結切下莫畢切○姑蔑地名 借作密戮 國策
王以河陽姑密封其子

鍥契 並苦結切 鍥刻也 契見本○呂氏春秋 契舟求劍
契與鍥通

偰契 並私列切○偰殷祖也 經典通作契

渫泄 並私列切 渫治井也 泄漏泄○易井卦井渫不食
史記屈原傳作井泄

躠屑 並私列切○躠躠旋行皃 通作嫳屑 漢書司馬相
如傳便姍嫳屑

吴翌鳳《字學九辨》稿鈔本

迾列　並良薛切　迾遮也　列位序也○迾通作列　禮玉藻山澤列而不賦　注列但遮迾也

傑桀　並渠列切　傑英傑特立也　桀磔也○傑俗作桀　辨名記千人曰英萬人曰桀　詩衛風伯兮朅兮邦之桀兮　注桀特立也　楚辭注　一國高為桀　二字古通

蠥孽　並魚列切　說文衣服歌謠草木之怪謂之䄎　禽獸蟲蝗之怪謂之蠥　又說文孽庶子也○䄎蠥之蠥亦通用孽

悅說涗　上弋雪切　喜意也　中本弋雪切　之為　失爇切　見

入聲十

古下杜外切卦名○悅經典通作說毛氏曰古占訖說字通用從人作悅字以別之又書說命禮記學記作兌命易兌悅也義通

轍徹 並直列切轍車轍徹通也○撤與徹通漢書文帝紀使者冠蓋相望結徹于道

烕滅 上許劣切說文滅也从火戌火死于戌陽氣至戌而盡下亡列切絕也○古文尚書滅字作烕詩小雅褒姒烕之釋文云烕本又作滅二字音意而義同

鑰籥 並以灼切鑰關鑰也籥樂器○史記魯仲連傳納

老筆隨所嘗見書跋之蓋予先生之家[illegible] 其字甚醉圖第一頁是之[illegible] 人採其家中本 墨同

筦籥兼相國也家𧃃說字管籥註與龠通

雜部

禴瀹 註以灼切 禴亦作礿 祭名 瀹漬也 ○易既濟不如西鄰之禴
禴祭漢書引作瀹

掠略 註離灼切 掠奪人財物也 略經略之謂 略○掠通
作略 晉語攘牲不略則牛羊遂 注略奪也 史記少
成也家為人所略賣 漢書武帝記殺略吏民 龔遂
傳渤海多劫略相隨者

屩蹻 註居勺切 屩屐也 蹻舉足行高也 ○漢書王襃傳
離蹤躡蹻 蹻與屩通

九辨卄 雜通二

九辨十

弱溺 上而灼切 懦也 下奴歷切 沒也 ○弱 小也 說文作溺 廣韻曰
春秋華弱來奔 公羊傳作溺 ○說文溺為弱水字
俗為沈溺字

鑠爍 並書藥切 鑠 銷金也 說文 灼爍 光也 ○鑠通作爍
考工記 爍金以為刃 釋文 爍義當作鑠

綽淖（卓） 上昌約切 下奴教切 泥也（下竹角切見前） ○綽與淖通 莊子逍遙
遊篇 淖約若處子 注 淖約柔弱兒 亦通作卓 左傳哀九年齊侯使孟（公綽辭師于吳 釋文云 綽本又作卓 從虞扶頭翦省 卓 隸釋云[illegible]孟[illegible]綽也）

劇度 並徒落切 劇 治木也 度 財也 ○亦隸釋寫木[illegible]
劇通作度 左傳隱十一年 山有木工則度之

[illegible]

月

[illegible]

幕莫　並慕各切　幕帟（說文帷在上曰幕）幙同　莫漠也　○史記李牧傳市租（註云幕府軍旅無常居故以帷幕言之　通作莫）皆輸入莫府　史廣傳莫府省約文書籍　索隱曰幕府古字通用作莫

漠幕　並慕各切　沙漠也（漠說文漠北方流沙）幕見前　○漢通幕　漢書衛青傳渡（軍）絕幕　李陵傳經幕里　度沙幕　西域傳幕南無王庭　並與漠同

寞漠　並慕各切　○寞通（寂寞之）作漠　杜篤述征賦寂漠其無人　宋玉九辯獨寂漠而絕端兮　○說文作嗼漠

九辨卅　辨通二　呈

錄後筆迹

九辨一

絡駱雒 盧各切 絡繹往來不絕皃 駱白馬黑鬣尾 雒同洛水名○絡通作駱 繹通作驛 漢書王莽傳助者駱驛道路 漢書郭伋傳駱驛不絕 道与後同 絡又通雒 莊子馬蹄篇刻之雒之注雒与絡同

拓託魄 上甲鼓作各切 下它各切 中華作切 ○揚雄解嘲何爲官之拓落兮注拓落不偶也亦作落拓又作落魄 落託之性出自門風上升 魄史記酈食其傳好讀書家貧落魄注志行衰惡之皃別作樂託世說樂託之性出自門風義滋別

諤鄂咢竝五各切蹇諤直言也鄂國名在武昌咢徒擊鼓也說文譁訟也○諤通作鄂史記趙世家徒聞唯唯不聞周舍之鄂鄂馬融長笛賦不占成節鄂李善注鄂直言也漢書揉塞鄂而不怯懦也亦通作咢漢書韋賢傳咢咢黃髮師古云咢直言也

萼鄂竝五各切萼花下柎也鄂見上○詩小雅鄂不韡韡鄂與萼通

愕鄂竝五各切愕驚懼皃○愕通作鄂漢書霍光傳羣臣鄂失色

刀部十

鍔咢　竝五各切　鍔刀劍鋒也　咢見前○鍔省作咢　漢書王褒傳越砥斂其咢　注刃旁曰咢

噩詻（鄂）　上五各切　下五陌切　說文詻頌也○亦釋天太歲在酉曰作噩　漢書（史記天官書作鄂）天文志亦作詻（詻）亦借字

粕魄　上匹各切　糟粕酒滓也　釋名酒滓曰糟　浮米曰粕　魄下見前○粕通（借）作魄　莊子天道篇君之所讀者古人之糟魄已夫　注魄本作粕　已漉麤糟也

泊怕　上（中註）傍各切　舟附岸也（泊止也）　薄厚之對　下普駕切　怕懼也○泊通作薄　論衡率性篇氣有厚薄（泊）　故性有善惡　又借作怕

廣雅憺怕靜也注云司馬相如傳泊乎無爲文選

作怕書是曰怕與泊同

箔薄（簿）上傍各切箔簾也薄見前○箔通作薄注云簣注（下裴古切簿也）

詩帷薄不修亦通作簿莊子高門縣薄注云帷簾

于門閭閭之小户也

薄魄 上傍各切下五陌切○磅礴廣博也史記司馬相

如傳旁魄四塞荀子性惡篇雜能旁魄而無用注

與薄通

亳薄 並傍各切亳地名湯所都○亳薄古字通禮記薄

十藥十

社北隂漢書地理志山陽郡薄縣注云湯居亳荀子議兵篇古者湯以薄注與亳同

柞笮

並在各切柞五柞漢宮名有五柞樹柞櫟也笮竹索也西南夷竹以渡水○漢書揚雄傳長楊五柞

笮與柞通

鑿笮

並在各切鑿鑿與笮同見上○鑿從作笮省註其次用鑽笮馬融長笛賦刻鏤鑽笮

鎛博

並補各切鎛六鎛蓁鼓也本曰烏曹作鎛博廣也大也○詩通作博史記蘇秦傳六博蹋鞠

陌字從[illegible][illegible]古通用下左傍
阡陌三百

藿霍　忠郭切　藿豆葉也　玉篇　霍揮霍　○漢書鮑宣傳使奴從賓客漿酒霍肉　注　謂視酒如漿視肉如霍也　与藿同

廓郭　上苦郭切　大也　下古博切　城郭　○昌黎徐偃王碑望嗚之改達夫郭之若廓為郭

陌佰伯　上中音莫白切　陌阡陌田間道也　佰仟佰千錢
（仟）
佰為百錢　下博陌切　長也　○阡陌通作仟佰　漢書食貨志秦孝公開仟佰　匡衡傳南以閩佰為界　注　佰者田東西界也　通作伯　五行志里巷仟伯　史記

九辨
辨通二

九辨七

伯 柏

註史傳置伯格長注云阡陌都皆是長也

註博陌切伯見前柏木名○漢書古今人表柏誉

柏益柏陽註与伯通

迫 柏

註博陌切迫逼也○漢武帝瓠子歌迫并督行柏（虛在再持投）

亦曰柏与迫通

[illegible]

笮 措

註側伯切迫也壓也下宗敢切罢也○史記畧国世家李右与争门措指骂灼曰措字从为笮师

亦曰為门扇所笮

戟 棘

上几劇切有枝兵也下紀力切小棗又荊棘也○

戟与棘通。周禮天官掌舍棘門注：以戟為門。左傳隱十一年：子都拔棘以逐之。注：棘，戟也。[illegible]

越棘，大与注棘戟同。

隙郤郄

並綺戟切，隙，怨也。郄（孔也），人姓，郗同郤。○隙郤字通。史記項羽紀：今內郤。又將軍与臣有郤。注音去逆切。隙亦通郤。漢書張釋之傳：雖錮南山猶有郤。

坼宅

上丑格切，裂也。下場伯切，居也。○文選蜀都賦：百果甲宅。即甲坼也，借宅為坼。

格徦假（詁上三字）

並古伯切。爾雅釋詁：格，至也。徦（揚子方言）亦至也。下古疋切，借也。

[illegible]

珀魄

並普伯切。琥珀、琥魄、珀魄。○珀俗作魄。漢書西域傳：罽賓國出珠璣珊瑚虎魄璧流離。

九辨十

辨通二

六

九辨一

廟庿[illegible]○廟三字通用亦通作庿[illegible]于上

下說文作庿　易萃卦王假有廟

宅度

䣊郭　上古伯切國名　下古博切見前○二字古通　周王文季弟封于䣊[illegible]

作郭　異字䣊　音相近也

筞筴冊　並楚革切　筞籌也　筴卜筮　筴冊符命也○筞通

作冊筴　史記非耳陈[illegible]傳不用其筴[illegible]天授神[illegible]

[illegible]二通作冊　漢書[illegible]國傳[illegible]冊[illegible]之傳[illegible]

鄭氏官詞[illegible]筞[illegible]莊子[illegible]

世常冊[illegible]

[illegible]　並楚革切　柵[illegible]也[illegible]見前○莊子達生篇祝宗人

冊[illegible]

隩。契

元端以昨宰(删)注宰承宦箕木閑与柵同

核覈

説文下革切核果中核覈(又有核，實也)○核与覈通用禮地官大司徒其植物宜覈物注云覈梅李之屬班固典引肴覈仁義之林藪又漢書宣帝紀綜核名實

核与覈同

隔鬲

上古核切隔障也鬲鼎屬(下郎擊切)○隔古或省作鬲史記大宛傳鬲漢道焉漢書揭王(五行志鬲閉門戶)孫傳厚葬以鬲真鱗

宣諸西域鬲絶䣛(吁古白切)与隔同

謫適

上陟革切責也(因謫罰[illegible]也)下施隻切之也○謫通作適詩衛

九辨一

凡室人交徧讁我，商頌勿予禍適 [illegible]

戹阸 於革切，戹，困也。阸，當作阸，塞也。○戹與阸同[illegible] [illegible]

子阸窮而不憫

潟舄 昔積切，潟，鹹土。舄，履也。○潟者作舄，漢書河渠志終古舄鹵兮生稻粱

懌釋 [illegible]與懌同，以欲悅懌，懌釋與懌同

嶧繹 羊益切，嶧，山名。繹，理也。○詩魯頌保有鳧繹注鳧繹二山名，與嶧通

益嗌 上伊昔切，下[illegible]切○伯益史記秦本紀作伯翳 [illegible] 也

膉掖

繹驛 羊益切○絡繹亦作駱驛，詩大雅作方繹，[illegible]釋文繹鄭作驛，魯頌以車繹繹，釋文云繹崔本作驛，[illegible]繹繹生[illegible]

奕亦 羊益切，奕，大也。亦，又也。○詩周頌亦服爾耕鄭氏曰亦，大也。正義云亦奕義通

[illegible]

閒[illegible] [illegible]

經典多作閒，周禮天官閒人，閒釋文云本又作閑，[illegible]

五字

斁射　羊益切斁厭也射律名○二字經典通用

○宅度　上楊伯切見下徒故切○二切○凡書宅字史記皆作度又詩此維與宅論語引作度宅是鎬京禮坊記作度書立政三有宅心石經亦作度集韻云宅或作度

釋澤舍　上施隻切舍也（又解也書泻曰釋也）中楊伯切下有水曰澤也書也

始釋也○釋古通舍釋菜禮作舍菜列子其人舍然大喜言義之舍言釋亦通作澤詩周頌其耕澤澤注土解也

九辨卄　辨通二　卄八

九辨二

尺赤 昌石切 尺十寸也 赤南方色 ○二字古通 尺牘亦作赤牘 古文苑 史 三赤之魚 于數 何之水 王褒僮約 三丈一樹 八赤成行 漢書東平王傳 勝赤八赤二寸 ○竹笠也

碩石 時常隻切 碩大也 ○漢書揚雄傳 石畫之臣 碩石古碩通

䟴郵 此

蹠跖

瘠膌 上秦昔切 瘦也 下求亦切 瘠也 ○膌或作瘠 漢書 若鄰國之瘠 老弱

𣡽𥯨

籍藉 上秦昔切 下慈夜、秦昔二切 ○籍亦通作藉 古書籍字通

耤藉 耤上秦昔切 下慈夜切 ○耤田 說文云 帝耤千畝也 古者使民如借 故謂之耤 今經典通作藉

覃研姓辨

僻辟 上芳辟切偏側也下（見前）益切四曰〇偏經典通作

辟

擗辟 上房益切拊心也下必益切君也〇玉篇擗亦作擗五經文字云拊經典又借爲擗踊之擗亦禮弓辟踊哀之至也

又詩邶風寤辟有摽 文選注引毛詩作擗 又劉辟上音闢

錫鍚 上先擊切錫細布錫賜也亦飲錫〇鍚通作錫 房中歌阜阿錫注細布也緆与錫古字通

儀禮燕禮用綌若錫注今文錫爲緆

析晳 上先擊切析分也晳人白色〇（顧炎武）金石文字記云晳爲析之異者大傳其叔都此今諡名曰晳陽注

九辨 辨通二

大部十

理其厥民析則析之為皙或亦通用

麻歷日從又

櫪歷 䟽郎擊切櫪斗馬阜歷經也〇櫪或作歷漢李梅福詩伏櫪千駟

轢櫟 䟽郎擊切轢車所踐也櫟木名〇史記楚元王世家嫂詳為羹盡櫟釜注以杓轢釜使為聲與轢通俗書作轢釜

嫡適 䟽都歷切嫡〇〇適從也〇正長曰嫡經典通作適

敵適 上徒歷切仇也匹也下施隻切（都歷二）[illegible]〇敵通作適

衣麾仪其糟外立帝上西面特立是敵意之義也
史記閩年与戰卻適漢書作敵（田單傳始如處女適人開戶後如脫兔適不及距據索隱曰適音敵）又

翟狄　翟徒歷切○書禹貢羽畎夏翟漢書作狄二字古通

滌條　上徒歷切洗也下徒聊切（小枝）條也○滌當作條禮記
條暢其心

趯躍　上它歷切跳也下以灼切跳也○詩小雅趯趯
阜螽躍与趯同

倜俶　上它歷切倜儻不羈皃下昌六切始也厚也○倜
儻通作俶史記魯仲連傳好奇偉俶儻之畫策同

九辨十　辨通二　卒

讀𧮘 上則歷切四聲讀也下似並切從也〇表元也大戴讀用帥國古文為字作𧮘說文讀本又作讀說讀右讀義如

馬相如子虛賦 封禪書 俶儻瑰瑋 宋文

喫吃 上苦擊切食也下居乞切言蹇難也〇喫通作吃

新書耳庳篇趙王之家至于吃山竹

慼戚 並倉歷切憂也戚容也又親也〇慼經典通用

慽字

敕飭 並恥力也敕誡令也飭謹皃〇敕與飭通前漢飭

其子弟相誡以事漢書郅都傳明飭長史守丞又安

世奇中款 身齋戒敕與飭同

蝕食 並乘力切〇日月虧曰蝕 通作食

軾式 注 賞戒切 軾 車前橫木所憑也 式 法也 ○ 史記田完敬仲世家 伏式結軼 式與軾同

穡嗇 注 所力切 穡 穀可收曰穡 嗇 慳也 ○ 穡 通作嗇 禮郊特牲 主先嗇而祭司嗇 注 先嗇若神農 司嗇若后稷是也 濯查周本紀 服田力嗇 又左傳大國省穡而用之 嗇上作穡 二字通用

亟棘革極 上二字 注 紀力切 亟 急也 戒也 棘 見前 革 覈切 ... 也 極 渠力切 至也 ○ 亟 通作棘 詩大雅 匪棘其欲 亦通革 禮 ... 夫子之病革

辨通二

極革 通偪

大就

吳注革讀作亟又通極荀子路許反霖甚極注極

與亟同

棘革 音見上○詩許棘子成注古今人表作革

翌翼 拈與戢切翌明也翼鳥羽○翌日書作翼日古字通

即則 上子力切就也下子德切法也○漢書王莽傳應劭注孝條地則時成劉注則時即時也則與即通

側吳 稷反 德得 古多則切德通得取也○漢書項籍傳以西漢[illegible]

得 得與德通[illegible]

[illegible]

音意 倞

阻力切似如下

下阻力切似日昃通作仄漢書陛宗傳引書日中仄亦通作稷

左方

○昃稷反 上阻力切日昳也 中子力切五教之長 ○易豐卦

日中則昃釋文云昃孟本作稷穀梁傳定十五年

戊午日下稷乃克葬左傳作昃太子經昃子應以

大稷注大稷日昳莫之 上中功方日稷昃本作傍側也東見方 釋文云本作日稷乃日昃夏之日昃亦通作仄郡閣注 日仄亦通作仄 上中仄

左方

○側反 特 上阻力切側 下徒得切獨也○側与

仄古字通詩大雅时亦背亦側漢書作仄側并之

咽說文作仄史記平準書以御鑄鍾官赤側注赤

側錢名亦作仄亦通作特儀禮士冠禮側尊一甒

醴注特設一尊醴也禮聘禮以側授宰玉又側授

九辨十一 辨通二 九十二

九辨十

宰幹 汪漢吳特授不依相也

淂中 上多則切，見吳下傍乃切，平也。○得，俗作中，周禮地師氏掌國中失之事，釋文云：中，杜音淂。

忒貸 上他德切，差也；下它代切，予也。○貸，俗作貸，禮月令毋或差貸，旨讀不貸，釋文云他淂反，義与忒同。

剋勉 上苦淂切，剋鐵也；勉，[illegible]也。○吳志賀齊傳謂以勉以非但責伸。

默墨 上中墟莫北切，默，不語也，靜也；下莫六切，繆也。○默与墨通，史記商君傳：武王諤諤以興，紂墨墨

以上又通作穆東方朔傳吳王穆然注穆然默靜

里見

惑或 注胡國切惑將也或疑未定也○惑經典省作或

孟子無或乎王之不知也史記賈誼傳眾人或或

注生號宜傳婦人之稱或世尤劉○古將或字本

作或後人加心

輯 說文[illegible]車[illegible]闕設之 [illegible]

輯揖 上秦入切合也下伊入切手著胸曰揖○揖通作揖史記秦始皇紀

普天之下摶心揖志[illegible]

吳興韓公瑞史記五帝本紀漢書郊祀志注引作揖師古曰揖与

同

九辨十

辨通二

九十二

○揖輯（上即葉、下秦入切）揖，短楫也，輯見前。○漢書叔孫通傳

輯，渥上与揖楫同（又漢書吳芮傳注：揖，古文作楫，今字林揖、楫二字皆同。又揖与揖兩字不同）

挹揖　挹，伊入切。挹，抒也。揖見前。一曰揖讓也，又退也。

挹通作揖。荀子議兵篇：湯武之誅桀紂，拱揖指麾。

王禹偁竹樓記：手揖江瀨。

翕歙　迄許及切。翕，合也。歙，說文：縮鼻也。○翕通作歙。漢

李赫延壽侍郎中歙然，侹然，歙然物化。詩小雅（老子：將欲歙之，必固張之）

翕翕訿訿，漢書作歙歙。

合荅　上（中佐）侯閤切。合，配也。下都合切。小豆。○（闔，扉也）漢書（史記）（合通作闔。闔同，闔合同）

九辨一

辨通二

九十三

貨殖傳蘖麴鹽豉千荅注或作合相耗候之下 呼大曰

郃合閤 並侯閤切史記魏世家築雒陰合陽注郃水之陽 高祖功臣表高祖兄仲侯於合陽年表與郃通

軜納 並奴荅切說文軜驂馬內轡繫軾前者納也○軜通作納荀子正論篇三公奉軶持納

盇蓋 並胡臘切盇何不也蓋苫也○盇蓋古通詩蓋云歸處禮檀弓子蓋言子之志於公乎孟子蓋亦反其本矣

又俱讀作盇何不也又管子戒篇桓公田獵路盇考工記盇已崇則難以入 俱讀作蓋也史記管晏傳攝大蓋荀子執蓋以當其闕寧讀作盇而非 俱讀作蓋顏○蓋本說文苙蓋字後人借為何不字別作盇盇蓋字

闔盇 並胡臘切閤門扇也盇見前○闔之通 盇字詩里韓非盇 說苑字

鈇夫 上甫夫切剉鈇下甫伕切古文扶也○鈇通作夫 之作夫 蓋從之字

九韻下

牒諜　莊子說劍篇周宋為鐔韓魏為夾

迺徒協切（牒譜）牒諜（軍中反閒也）牒○牒通作諜（史記三代世表余讀諜記）譜書記系志

按周案諜師古曰諜譜諜也

喋諜　徒協切喋多言也諜見前○史記張釋之傳豈數此嗇夫諜諜利口捷給哉漢書注曰諜書作喋喋○多言也

浹挾　上子協切周徧也下胡頰切持也○周禮天官大宰挾日而斂之釋文本又作浹荀子禮論旁皇周

叶汁

協叶叶

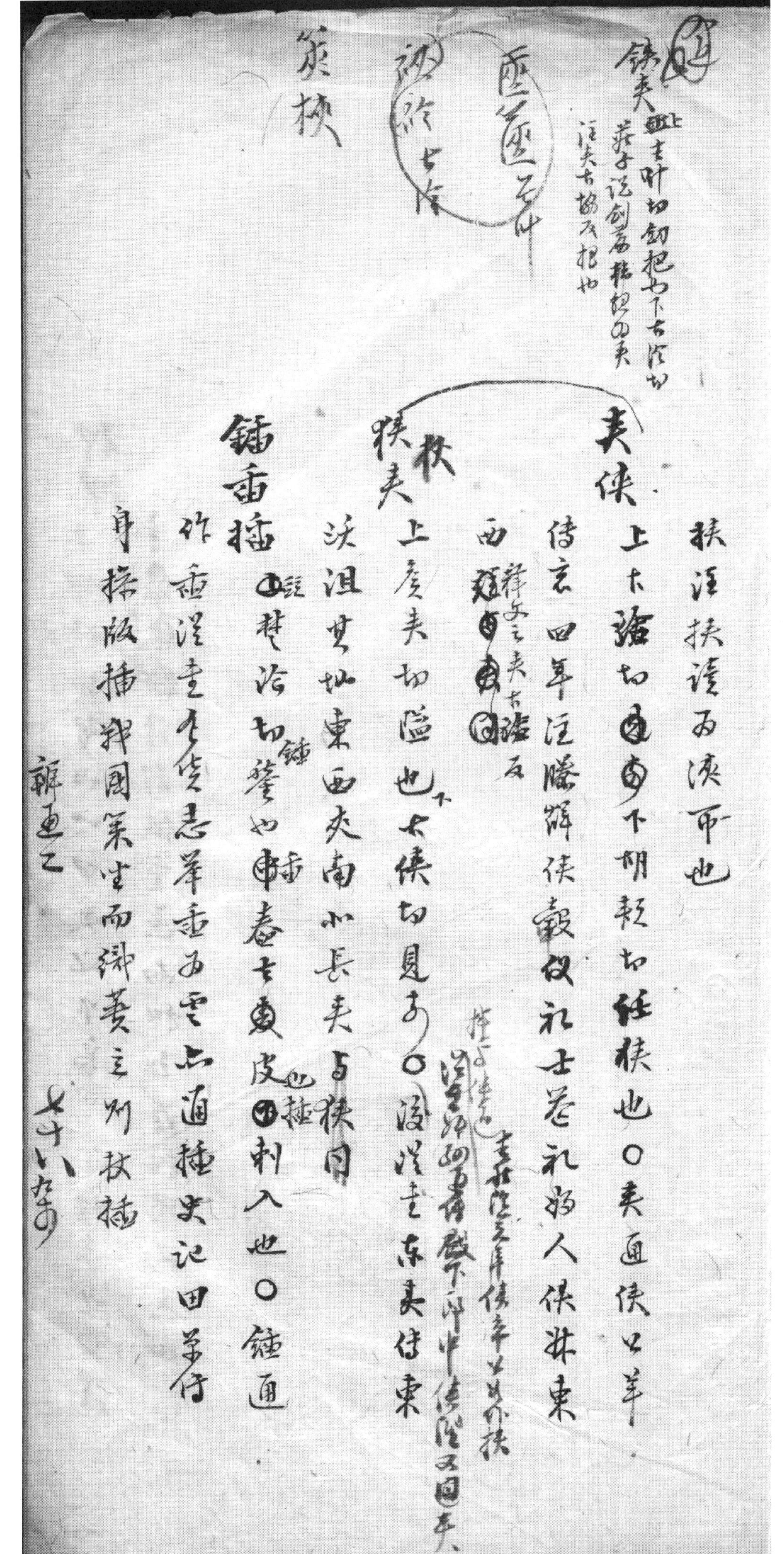

狎押 上胡頰切習也一曰更也下烏甲切檢束也○注

孟東野傳附板重迭而押互注相同而互如

華東師範大學圖書館藏珍稀文獻叢刊

吴翌鳳字學九辨稿鈔本

下

【清】吴翌鳳◎著

華東師範大學出版社

圖書在版編目（CIP）數據

吴翌鳳《字學九辨》稿鈔本 /（清）吴翌鳳著．
—上海：華東師範大學出版社，2020
（華東師範大學圖書館藏珍稀文獻叢刊）
ISBN 978-7-5760-0865-4

Ⅰ．①吴… Ⅱ．①吴… Ⅲ．①漢字－文字學－研究－中國－清代 Ⅳ．① H12

中國版本圖書館 CIP 數據核字（2020）第 186137 號

吴翌鳳《字學九辨》稿鈔本

原　　著　［清］吴翌鳳
責任編輯　時潤民
責任校對　吕振宇
裝幀設計　盧曉紅
封面題簽　虞萬里

出版發行　華東師範大學出版社
社　　址　上海市中山北路 3663 号　郵編 200062
網　　址　www.ecnupress.com.cn
電　　話　021-60821666　行政傳真　021-62572105
客服電話　021-62865537　门市（郵購）電話　021-62869887
地　　址　上海市中山北路 3663 號華東師範大學校内先鋒路口
網　　店　http://hdsdcbs.tmall.com

印 刷 者　上海昌鑫龍印務有限公司
開　　本　890×1240　16 開
印　　張　36
版　　次　2020 年 10 月第一版
印　　次　2020 年 10 月第一次
書　　號　ISBN 978-7-5760-0865-4
定　　價　148.00 元（上下册）

出 版 人　王　焰

《字學辨異》

字學辨異

字學九辨卷之七

吴郡吴翌鳳詮次

辨異第四之一

有同必有異字之有異猶路之有歧也即以隸省偏傍而論日月之月上有闕中二畫連左不連右骨肉之月上畫合中二畫左右連舟船之舟隸作月中用兩點卩字在左爲阜在右爲邑直而不曲爲節失之豪釐謬以千里昌黎韓子謂爲文宜略識字彼夫錯寫蹲鴟誤呼伏獵非不識字之明驗與作辨異

上平聲

九辨七

童僮　𢓡徒紅切說文男有辠曰奴奴曰童女曰妾又曰僮未冠也韻會童奴也僮幼也未冠也今以僮幼字作童童奴字作僮相承失也愚案之殊不然易匪我求童蒙詩童子佩觿穀梁傳羈貫成童禮內則成童舞象鄭注云成童十五以上凡童幼之童不作僮漢書衛青傳注僮者婢妾之總稱史記貨殖傳卓王孫家僮八百人漢書張安世傳僮七百人凡僮奴之僮不作童惟易旅卦得童僕貞漢書貨殖傳童手指千閒有作童者非省文即傳本之譌也

仝仝上徒紅切廣韻曰道書同字又人名唐有盧仝亦姓下疾緣切說文完也从入从工全本字

潼湩上徒紅切說文水出廣漢梓潼北界南入墊江廣韻關名下多貢切說文乳也穆天子傳巨蒐之人具牛馬之湩以洗穆天子之足

穜種上徒紅切穜稑也下主勇切穀種也又之用切埶植也周禮天官內宰王后率六宮之人而生穜稑之種而獻之於王字本作穜詩豳風黍稷重穋又借作重說文反以禾从重者為穜稑之穜禾从童

者爲種執之種陸德明經典釋文又從而附會之
反謂俗則反之過矣

蟲虫 上直弓切音沖下許偉切虫說文建首義見辨原
玉篇虫古文虺字郭忠恕佩觿曰蛇虫之虫爲蟲
其順非有如此者周伯琦六書正譌以虫即蟲之
省文者誤

崇祟 上鉏弓切說文嵬高也下雖遂切說文神禍也漢
左傳昭元年實沈臺駘爲祟
徐鍇曰禍者人之所召神因而附之祟者神自出之以警人
書疏處傳祟本血盡歸皆曰禍咎過微鬼神所以
而又也故見出林而

肜彤　上本敕林切借爲以戎切音融祭名字从舟詳辨

借下徒冬切説文丹飾也从丹从彡彡其畫也詩邶風貽我彤管

注彤管赤管筆

豐豊　上敷空切下盧啟切並説文建首義見辨原陸德

明易豐卦釋文曰依字當作豐若曲下安豆禮字

耳非也世人亂之久矣六書正譌曰豊古禮字後

人以其疑于豐禮莫重于祭故加示以別之佩觿

曰李陽冰少監説蔡中郎以豐同豊

灃澧　上敷空切漢書地理志灃水出扶風鄠縣東南郎

禹貢灃水攸同是也下盧啟切説文水出南陽雉

九辨七

衡山東入汝又（水經注作醴，亦下作醴即）山海經雅山澧水出焉又（是也漢書注引作雉山）漢書地理志澧水出武陵郡充縣歷山即禹貢岷山道江東別爲沱又東至于澧是也

釭釭上古紅切說文釭車轂中鐵也張揖博雅自關以西謂之釭班固東都賦金釭銜璧是謂列錢漢書趙皇后傳壁帶往往以黃金爲釭注壁帶壁之橫木露出如帶者也於壁帶之中往往以金爲釭若車釭之形也晉灼曰以金環飾之也釭音工俗音江非也韻會曰俗以金釭爲鐙又書作缸字缸

幪幪　上莫紅切玉篇云中出安也　下古評切玉篇云出安也說文幪蓋衣也从巾蒙聲　中國言從此者見記事　實幪積婦人之物

下江切說文埛也字畫字義字音皆殊異〔李義山詩仍斟昨夜未開缸〕

冡冢

上莫紅切說文覆也从冂从豕今借蒙說文異義

下知隴切說文高〔作冡〕墳也从勹从豕俗从冖作冢非

籠蘢

並盧紅切說文籠舉土器一曰笭也說文蘢天龠〔莒汴西京雜記天子以象牙為火籠又烏榲曰蘢〕

也玉篇艸名龠雅釋艸紅蘢古疏云紅名蘢古陸

璣云一名馬蓼即今之水蔥艸也

櫳⿱龍木

並盧紅切說文櫳檻也廣韻養獸所也說文⿱龍木房

室之疏也注小曰囪疏遠曰⿱龍木班倢伃自悼賦房

櫳⿱龍木虛兮風泠泠今通用無別

九辨七

芃芄　上薄紅切說文艸盛也詩曰芃芃黍苗下胡官切

說文蘭莞也詩曰芄蘭之支俗作莬

踳蹖　上書容切博雅踳蹋也下昌兗切說文舛字重文玉篇踳

駁色雜不同廣韻踳駁相乖舛也孝經序踳駁尤甚又尺尹切義同

淞凇　上息恭切廣韻淞水名在吳杜詩剪取吳淞半江水今作松下息恭切又

蘇弄切字林凍洛也寒氣結木如珠見晛乃消齊魯謂之霧

凇以為豐年之兆諺云霜凇打霧凇貧兒備飯甑

鎔鎔　上余封切說文冶器法也廣韻鑄也增韻銷也下

余足切說文可以鉤鑱及鑪炭一曰銅屑漢書食

貨志姦或盜摩錢質以取鋊臣瓚曰鋊銅屑也摩錢漫面以取其屑更以鑄錢師古曰鋊音欲

匈匃上許容切說文膺也从勹凶聲漢書司馬相如傳其於匈中曾不蔕芥楚辭哀時命惟煩懣而盈匈下說文古代切从勹从亡亡字在亡部玉篇乞也行請也取也漢書陳湯傳匃貸無節西域傳乞匃無所得又人名左傳晉有士匃亦作匄俗別作丐非

凶兇上許容切說文建首惡也下說文許拱切擾恐也引春秋傳曹人兇懼从人在凶下玉篇懼聲也今

九辨七

並作平聲通用無別

逢逄上符容切說文遇也又薄紅切鼓聲也詩大雅鼉鼓逢逢亦姓下薄江切廣韻姓也後漢書劉盆子傳瑯邪人逄安注逄字从丰顏之推家訓曰逢逄之別豈可雷同今人多溷而爲一矣詳見辨音

丰丯上敷容切說文作半艸盛丰丰也从生上下達也字在生部下古拜切讀若介說文建首義見辨原害憲耒𥟖契等字从之

夆夅上符容切廣韻𢪛也爾雅釋訓粵夆𢪛曳也說文

語也从夂从丰下下江切說文服也从夂屰相承
不敢竝也今文作降

樅摐上七恭切說文引爾雅樅松葉柏身郭璞曰今太
廟梁材用此又詩大雅虡業惟樅傳言崇牙之皃
摐摐𦚧也下楚江切博雅摐撞也司馬相如子虛賦
摐金鼓吹鳴籟

蛩蛬上渠容切說文蛩蛩獸也一曰秦謂蟬蛻曰蛩玉
篇巨虛也山海經北海內有素獸焉狀如馬名曰
蛩蛩（此稱亦恠諸蛩蛩亦忘飢）下渠容居竦口切（又渠容切）爾雅釋蟲蟋蟀蛬注今促

九辨七

織也揚子方言蜻蛚楚謂之蟋蟀或謂之蛬今俗（亦名青蛚蛬音拱）多以蛩爲蟋蟀而蛬字亦無有作上聲者矣

龔（龔）龏並九容切說文龔給也龏愨也

庬龐上莫江切說文石大也从厂尨聲一曰厚也下薄（玉篇大也左傳民生敦厖之獻生民厚大有也）江切說文高屋也廣韻姓也（鄴亦兒書周官不和厥龐又）玉篇又力容切縣名漢書地理志九眞郡都龐○案玉篇广部庬字依說文訓石大也广部別出庬字訓豐也厚也字書遵之疑非

囪囱上楚江切說文窗字古文會會字从之下烏乎切

說文淵字古文元包經物藺于囦

支攴上章移切說文建首𢻫攲等字皆从支下普木切說文小擊也（建首）敕敍敲故敭變等字皆从攴今承隸變从文

[illegible]

○祇祗上巨支（渠宜）切音岐廣韻祇衼尼法衣下都兮切說文祇裯短衣揚子法言汗襦自關而西謂之祇裯上字从氏下字从氐

睢睢上許規切說文仰目也史記伯夷傳暴戾恣睢又息遺切音綏廣韻水名在梁郡水經睢水出陳留縣

西蒗蕩渠受泧入泗亦作濉字从目下七余切詩周南關關雎鳩傳云雎鳩王雎也鳥摯而有別字从且

羸

嬴羸上力爲切說文瘦也臣鉉等曰羊主給膳以瘦爲病故从羊中以成切帝少皞氏之姓又秦祖伯翳爲舜主畜畜多息賜姓嬴字从女下以成切說文賈有餘利也字从貝（漢書食貨志採其奇贏）

祇

祗上渠宜切（巨支）說文地祇提出萬物者也玉篇地示之神也又易復卦無祇悔韓康伯曰祇大也又章移

切廣韻適也詩祇攪我心小雅下旨夷切音脂說文敬也六書正譌曰从示氏聲見神示則敬會意書大禹謨祇承于帝〇孫奕示兒編曰祇兩音音岐者神祇之祇訓適者是也如詩亦祇以異揚子曰玆苦也祇其所以爲樂也與陸德明經典釋司馬温公玆以爲音支者音支今杜詩韓氏或書作秖字从禾而俗讀曰質者非也或从漢書鄒陽傳秖怨結而不見德義皆祇字

秖

岐歧

玆巨支渠宜切岐說文作郊周文王所封在右扶風美陽中水鄉案漢書郊祀志大王建國於郊梁師古曰

郊古岐字蓋歧本太王之舊都也廣韻歧路也爾雅二達謂之歧後漢書張堪傳麥秀兩歧注一莖兩穗謂如歧路之二達字从止與从山之岐不同今字書於山部有岐字云或作歧於止部有歧字云或作岐義解不分俗則有岐無歧矣

軝　軧

上巨支切說文長轂之軝也以朱約之詩小雅約軝錯衡注約束也以皮纏束車之轂而朱之也錯文也詩詁軧車之窮出者下都禮切說文大車後也上字从氏下字从氐

蚳

蚳蚔上巨支切說文蚳蠹也下直尼切音墀說文螘子也周禮有蚳醢讀若祁案周禮天官鼈人疏謂蟻之子取白者以爲醢〇廣韻有蚳無蚔蚔自蟲也亦不言爲何物今字書有蚳無蚔引玉篇蚳蟻卵

敧

敧攲上去其切說文持去也玉篇云今亦作不正之自啟家語孔子觀於周廟有敧器焉使子路取水試之滿則覆中則正虛則敧字从支中居宜切音羈廣韻以箸取物也字从攴下於宜切音漪廣韻歎辭字从欠說文曰凡口出者皆从欠如吹欲歔歐歎之

九辨七

類是也

禔禔　上市支切音匙說文禔安福也易曰禔旣平下杜奚切說文衣厚禔禔也又廣韻承紙切美衣服也

兒皃　上汝移切說文孺子也又五稽切廣韻姓也漢有兒寬亦作郳倪　下莫皃切說文建首頌儀也亦作貌（徐鍇曰頌古容字）

資貲　並即夷切說文資貨也貲小罰以財自贖也漢律民不繇貲錢二十二徐曰卽今庸直戴侗六書故資別作貲疑二字古通

羈羇　並居宜切羈說文𦋺字重文馬絡頭也廣韻羇寄

寄也左傳羇旅之臣今俗亦用羈字

篳篻上府移切廣韻取魚竹器揚子方言簍秦晉之閒謂之篳注今江東呼籠爲篳下必至切説文蔽也所以蔽甑底世説陳太丘子元方季方云大人與客語乃俱竊聽炊忘著篻飯今成糜

澌凘上息移切音斯説文澌流仌也徐曰氷解而流也應劭風俗通氷流曰凘氷解曰泮説文凘水索也揚子方言澌盡也今氷凘之凘俗亦作澌又廣韻有澌無凘

褫褫 上息移切說文福也張衡東京賦所褫禳災下池爾切說文奪衣也易訟卦終朝三褫之疏云三見褫奪○說文褫徐音直离切讀若池案陸氏易釋文音敕紙切又直是切玉篇直爾敕爾二切俱無平聲故不从說文

褘褘 上於離切（音猗）爾雅釋詁美也注歎美也又人名三國志蜀費褘下許歸切說文蔽厀也（揚子方言蔽厀江淮之間謂之褘或謂之袚自關而東謂之蔽厀）又玉篇后祭服也禮玉藻王后褘衣釋名王后之上服曰褘衣畫翟雉之文於衣也

篪箎上直離切説文𪛎字重文管樂也世本蘇成公作

篪爾雅疏篪長尺四寸圍三寸七孔上出寸三分

横吹之小者尺二寸廣韻雅云八孔疏云鄭司農

注周禮謂篪七孔葢不數其上出者故七也下呼

古切集韻竹名高百丈

簏篩上所宜切注大曰從竹白箄說文竹器也可以去粗取細廣韻作竹徙急就亦何從箄

下疏夷切廣韻竹名東方朔神異經篩竹一名太

極長百尺圍二丈五六尺南方以為船今通用以為簏

字異文○[illegible]

辨同三[illegible]

九辨七

檇檇攜　上醉吹切廣韻樠檇木名實可食中遵爲切說文以木有所擣也春秌傳曰越敗吳于檇李公羊傳作醉李漢書地里志作就李下戶圭切說文提也禮疏提攜謂牽將行

秶粢　上即夷切說文作齋稷也經典作粢禮曲禮稷曰明粢字本从禾俗譌从米下疾資切說文稻餅也餈字重文揚子方言餌爲之餻或謂之粢列子力命篇食則粢糲注粢稻餅也

飢饑　上居夷切說文餓也下居衣切說文穀不孰爲饑

兩字各異俗通用無別

郗郄　上丑飢切說文周邑也在河內野黃縣廣韻又姓漢郗慮晉郗鑒郗超下卽卻字綺戟切說文郤晉大夫叔虎邑也廣韻又姓俗書作郗黃長睿東觀餘論曰郗姓音希而俗作郄讀如郄詵之郄郄乃晉郗縠後陸魯望詩一段清香染郗郎誤矣然觀右軍帖以郄爲郗誤自此始遐之所以貶爲俗書也愚謂長睿但知郗之異郄而不知郄乃郤之俗也

九辨

尼𡰥

上女夷切說文从後近之徐鍇曰尼猶昵也廣韻和也下以脂切同夷廣韻陽𡰥地名漢書地理志越巂郡縣蘇樂𡰥江在西北師古曰𡰥古夷字說文以爲仁字古文

尸屍

上式脂切說文建首尸陳也象臥之形又詩小雅皇尸載起朱子曰古人於祭祀必立之尸因祖考遺體以凝聚祖考之氣氣與質合則散者庶乎復聚也說文屍終止从尸从死會意禮曲禮在牀曰屍在棺曰柩今或通用尸字

泜泜 並直尼切上說文水在常山从水从氐下說文著止也从水从氐

劦劦 上力脂切廣韻姓也蜀刀逵之後刀音貂避難改爲劦俗作劦下胡頰切說文建首同力也从三力又山海經[illegible]辨之山其凡若劦玉篇又劦急也

惟維唯 並以追切說文惟凡思也廣韻謀也說文維車葢維也玉篇係也玉篇唯獨也集韻專辭今思惟維係則从本字語助則經典皆通用

溾淒 上息遺切廣韻溾微小雨下烏禾切博雅溾淒汙濊也

夔夒 上渠追切說文神魖也如龍一足从夂象有角手人面之形玉篇黄帝時獸也以其皮爲鼓聲聞五

百里徐堅初學記山精曰夒亦曰跂亦曰雲陽山海經作夔牛揚雄蜀都賦作期牛廣韻亦州名取夒國名之下奴刀切說文貪獸也一曰母猴似人从頁已止夊其手足臣鉉等曰已止皆象形也擾字从之今作猱擾今作擾

麋麇　上武悲切說文鹿屬冬至解其角下居筠切說文麞也

隹佳　上職追切說文建首鳥之短尾總名也下古膎切說文善也楚辭曰妒佳冶之芬芳字从圭

頤頣賾　上與之切說文建首𦣞字重文頣也釋名頤養也動于下止于上上下咀物以養人也或曰輔車易卦震下艮上爲頤震動也艮止也動于下止于上也頤養之頤說文作宧詳後中式忍切說文目久視也下士革切易繫辭聖人有以見天下之賾疏云幽深難見也陸德明釋文賾京氏作嘖徐鉉後敘辨六書譌謬不合六書之體者二十八字以賾爲假借之字當通用嘖

宧宧　上與之切說文養也室之東北隅食所居从宀𦣞

九辨七　辨異一　十四

聲李巡爾雅注東北陽氣始起育養萬物故曰宦宦者養也下胡慣切說文仕也从宀从臣又玉篇天有宦者星故閹人名宦官

旗旂上渠之切說文熊旗五斿以象罰星士卒以爲斯从㫃其聲周禮曰卒都建旗釋名熊虎爲旗旗期也言與衆期於下又史記天官書正旗上出入視旗所止旗謂太白角似旗也（漢志郊祀志作其）下渠希切說文旂有衆鈴以令衆也从㫃斤聲釋名交龍爲旂旂倚也畫作兩龍相依倚也案周禮春官司

常建九旗之名旗旂爲分爲二其有九名而總稱之曰旗毛詩所載有旂而無旗庭燎采菽泮宮皆曰言觀其旂旂出車采芑皆有旂旐韓奕曰淑旂閟宮載見曰龍旂似又以旂爲總名今則有旗而無旂矣又案旗旂字从㫃說文入㫃部況从㫃之字甚多今字書無㫃部凡从㫃之字概入方部殊失作字之義

箕萁

上居之切說文建首作箕簸也世本少康作箕帚

下渠之切說文豆莖也漢書楊惲傳種一頃豆落而爲萁

詞辭舜 並似兹切說文詞意内而言外也字在司部辭訟也从𤔔𤔔猶理辜也𤔔理也字在辛部𤔔古文治周禮秋官小司寇以五聲聽其獄訟一曰辭聽說文舜不受也从辛从受受即爲辛宜舜之也玉篇別也去也今經史以辭爲言詞之詞如曲禮不辭費是也又以辭爲舜受之舜如論語與之粟九百辭是也以舜爲文詞之詞如楊修絶妙好舜是也承用已久不能更正

釐氂 並里之切說文釐家福也今讀作虛其切漢書賈誼傳受釐宣室揚雄甘泉賦逆釐三神注釐福也廣韻理也書堯

典允犛百工傳云犛沿也說文犛牛尾也从犛省
从毛字在犛部俞犛釋名犛罽也郭注毛犛所以為罽
漢書律歷志不失豪犛孟康曰十豪為犛廣韻犛
犛二字分注甚明字書誤以犛為豪犛字

癡痴 竝丑之切說文癡不慧也玉篇痴瘵不達也俗以為
癡字異文

蚩蚩 上赤之切說文蟲也从虫㞢聲廣韻今輕侮字六書正譌曰
凡無知者皆以蚩名之詩衛風氓之蚩蚩下丑善切說文蟲曳行也从
虫从屮晉書王沈傳指秃腐骨不簡蚩侮

大辨

玆 茲 玆子之切說文玆黑也春秋傳曰何故使我水玆今傳作滋徐鍇曰借爲玆此字从二說文在部 說文茲 書大禹謨念玆在玆 艸木多益也又爾雅釋艸蓐謂之茲史記注籍艸之茲 又公羊傳桓十六年注諸侯有疾謂之負茲史記周本紀康叔封布茲 名从艸玆省聲俗多作茲或有玆無茲義訓溷殽矣○案爾雅釋詁玆此也今字書誤爲茲字之訓

微 𡟹 上無非切說文隱行也史記秦始皇紀微行洛陽爾雅釋詁幽微也廣韻妙也細也韻會衰也下㜷鄙切廣韻美同善也周禮地官大司徒𡟹宮室考工記輈人輈有三理一者以爲𡟹也

暉睴 上許歸切說文光也下古鈍切說文大目出也六書故目急出从日五代史南唐有皇甫暉俗本誤作暉

幃帷 上雨非切說文囊也離騷注幃謂之幐香囊也廣（離騷蘇糞壤以為幃兮謂申椒其不芳）韻十四單帳下洧悲切說文在旁曰帷玉篇幕也帳也釋名帷圍也所以自障圍也今亦以幃為帷帳字

扉扉扉 上甫微切說文戶扇也爾雅釋宮闔謂之扉中父沸切說文履也釋名屮履為扉（一曰不借左傳僖四年共其資糧扉屨）下父沸切說文隱也儀禮特牲饋食凡（鬯俎設于西北隅）在南扉注扉隱也不知神之所在而改饌為幽闇庶其饗之

睎睎 上香衣切說文睎乾也廣韻曰睎乾也說文睎望（禮玉藻髮晞用象櫛注晞乾也）

也从目𥉐省聲海岱之閒謂眄曰睎班固西都賦睎秦嶺郭璞江賦飛廉無以睎其蹤

尻尻 上九魚切說文處也从尸得几而止孝經曰仲尼尻 經典通作居 尻謂閒尻字在几部晉書胡毋謙傳尻背東壁中上刀切說文脽也从尸从九毛晃曰脊骨盡處禮內則骨去尻漢書東方朔傳尻益高楚辭天問崑崙縣圃其尻安在

余佘 上以諸切說文語之舒也爾雅釋詁我也下視遮切廣韻姓也見姓苑出南昌郡

鋤耡上士魚切說文作鉏立薅所用也从金且聲今作

漢書賈誼傳秦人借父耰鉏慮有德色

鋤傳非其種者鉏而去之兒寬傳帶經而鉏今作

名去穢助田長也漢書劉章

鋤下牀倨切說文商人七十而耡今作助又周禮地

周禮曰以興耡利甿傳作耡耡稅也今通作助

官里宰以歲時合耦於耡以治稼穡注杜子春曰

耡讀爲助謂相佐助也鄭康成曰耡者里宰治處

也若今街彈之室於此合耦使相佐助因放而爲

名俗即用爲鋤字非是廣韻亦作平聲字

廣韻

樗樗丑居切說文樗舒也又樗蒲戲也說文樗木也

以其皮裹松脂廣韻作樗惡木也

歔噓 並朽居切說文歔欷也噓吹也六書故鼻出氣爲歔口出氣爲噓

鴽鴐 上人諸切說文作⿱如隹牟母也重文作鴽今用重文字如田如爾雅釋鳥鴽鴾母注鵪也青州人呼爲鴾母禮月令田鼠化爲鴽下古牙切廣韻鴐鳥司馬相如子虛賦弋白鵠連鴐鵝○鴐又古俄切說文作鴚互見辨同

祛袪 並去魚切說文袪衣袂也詩鄭風摻執子之袪今疏云袂是袪之本袪是袂之末又褎口也儀禮喪服袪

尺二寸韻會祛穰也遣也散也漢書兒寬傳封禪

告成合祛于天地注祛開散合閉也

毋毋毌 上武夫切說文建首止之也中莫后切說文收

也象褱子形一曰象乳子毋也字在女部下古凡切說又毌將複姓

文建首穿物持之也貫字从之又毌上地名亦姓亦同貫古玩切

无旡旡 上武夫切說文𣠮亡也奇字作无通于元者虛

无道也案元即乾元坤元自𣠮而至有者也 王育說天屈西北爲无

字在亡部易經皆用此字中居未切說文建首作旡从

反欠旡即欠字隸變作旡既字从之與无別經典釋文

九辨 辨異 九

序例曰將无混旡僾戍戌兩失下側琴切說文建首首筓也重文作簪

邘邗 上羽俱切說文周武王子所封國史記注邘城在野王縣西北下胡安切說文國也今屬臨淮一曰屬吳左傳哀九年吳城邗溝通江淮玉篇云今廣陵韓江是

旴旰 上況于切廣韻日始出皃又漢書谷永傳故又廣旴營裒注旴大也下古案切說文日晚也引春秋傳日旰君勞

盂盂 上羽俱切說文飯器也揚子方言宋楚魏之閒盌謂之盂下古字切玉篇盤也佩觿曰子竽稱之干

須湏 上相[illegible]俞切 說文建首 面毛也 釋名 頤曰下須 易賁卦賁其須 注 須之爲物上著者也 疏云 須上附于面 又借爲所須之須（今別作鬚）下 呼對切 說文沬字重文 洒面也 案沬同頮 古文作湏 今俗以湏爲須字 異文

須䇓 須見上 䇓 相俞切 說文待也 从立須聲 左傳寡君䇓矣 爾雅釋詁 卬䇓吾友 今通作須（[illegible]案玉篇） 廣韻䇓須訓面毛 䇓訓待 並與說文同

殳殳 上市朱切 說文建首 [illegible]（佩觿曰戈殳）也 詩衛風伯也執殳 下

九辨七

莫勃切說文入水有所取也韻會云沒本作叟隸作叐與殳異

諛謏 上甫羊朱切說文讇也下先鳥切本作謏說文小也禮（學）記足以謏聞注小致聲譽也

隃鄃 上羊朱切廣韻隃（麋）麋縣名漢書地理志右扶風隃麋又傷遇式朱二切爾雅釋地北陵西隃雁門釋文戍輸二音下式朱切說文清河縣漢書溝洫志鄃居河北師古曰（鄃）鄃音輸清河之縣也

揄歈 弋羊朱切說文揄引也史記貨殖傳揄長袂（西）（廣）（韻）班固西都賦序

○連非字

雍容萷揄揚注揄引揚舉也廣韻㪘㪘舉手相弄說文

㪘字解云人相笑相㪘㪘也今作邪揄非是

毆毆毆

上豈俱切說文驅字古文周禮官方相氏以索室

馬毆瘦漢書鼂錯傳周毆略畜産師古曰毆與驅

同中烏后於口切說文捶轂物也徐鍇曰以杖擊也下

烏后於口切說文吐也急就篇注毆逆吐而不下食也又烏侯切歐陽複姓

○案三字一从攴一从殳一从欠本不同佩觿曰

以毆擊之毆爲歐逐其順非有如此者毛晃曰毆

擊字从殳與歐吐字不同歐字从欠今俗毆擊字

九辨七

作歐非愚攷史書亦有通用者蓋借字也

趨趍

上七逾切說文走也經典釋文疾走曰趨中直離著切同趍說文趍趙久也今俗以爲趨走之趨五經文字曰趨从芻从多者誤

符苻

扶房無切說文符信也漢制以竹長六寸分而相合玉篇符節分爲兩邊各持其一爲信廣韻又姓魯頃公之孫雅仕秦爲符璽令因而氏焉苻艸名爾雅釋艸苻鬼目注藂似葛葉圓而毛子如耳璫赤色叢生江東呼爲鬼目艸廣韻亦姓晉書載記

苻洪其先有扈氏之苗裔始其家池中蒲生長五丈五節如竹因為蒲氏後洪以讖文有艸付應王又其孫堅背上有艸付字遂改苻氏案符苻本二氏所出不同俗每溷而為一且符信字俗書亦有作苻者吁可怪也

尃専

上芳無切說文布也徐鍇曰布以法度也易說封震為尃史記封禪書雲尃霧散敷傅溥博搏薄等字从之隸變作専今通作敷說文敷施也又一字廣韻尃壹也誠也又擅也上字从甫下字从叀

九辨之　辨䦧一　卅二

九辨七

蒲蒱 竝薄胡切說文蒲艸也可以爲席廣韻摴蒱戲也張華博物志老子入胡作摴蒱

壼壸 上戸吴切說文建首廣韻酒器也下苦本切說文作壼宫中道从口象宫垣道上之形詩曰室家之壼字在口部隸變作壸

餬糊 竝戸吴切說文餬寄食也左傳隱十一年餬其口于四方爾雅釋言餬饘也注麋也疏云餬饘鬻麋相類之物稠者曰糜淖者曰鬻餬饘是其別名糊說文作黏亦作粘黏也糊乃俗字今相承通用

酤沽　茲古胡切說文酤一宿酒也徐鍇曰謂造之一夜而孰若今雞鳴酒也又玉篇賣酒也詩小雅無酒酤我傳曰酤一宿酒箋曰賣買也兼二義說文沽水名出漁陽塞外東入海玉篇廣韻同無別義今酤酒之酤通作沽

觚柧　茲古胡切說文觚鄉飲酒之爵也一曰觴受三升者謂之觚論語觚不觚疏云觚者禮器盛酒二升案博古圖有觚爵李云口容二爵足容一爵則亦三升也趙明誠亦以三升為觚說文柧棱也殿堂上最高之

九辨七

徐鍇曰三棱爲柧韻會柧棱堂上最高轉角處

玉篇廣韻竝同今柧棱之柧亦作觚

塗涂

竝同都切說文塗泥也書禹貢厥土惟塗泥說文

涂水名出益州牧靡南山西北入澠又周禮

地官司險設國之五溝五涂注五涂徑畛涂道路

也今以塗爲涂路字徐鍇說文繫傳曰周禮塗路字

作涂古無用塗字者愚攷漢書禮樂志大朱涂廣

師古曰涂道路也釋名涂度也人所由得通度也字書多作塗

今又別作途也

案篆書白如也

案說文新附無也

圖啚 上同都切說文計畫難也从口从啚啚難意也徐鍇曰圖必先規畫之也故从口啚者吝嗇難之意也下方美切說文嗇也字在亩部與鄙同俗以爲圖字省文非

帑帑 說文帑乃都切金帛所藏也今作㐌朗切廣韻帑妻帑也經典或通用帑爲妻帑字詳借辨借

呼虖嘑 竝荒烏切說文呼外息也虖嘑虖也嘑唬也經史書惟呼息之呼單用呼字餘多通字用

鑪罏壚 竝落胡切說文鑪方鑪也徐臣鉉等曰今別作爐

非是玉篇火肰韻會薰器又史記司馬相如傳介

文君當鑪韋昭曰鑪酒肆也以土爲墮邊高似鑪

俗譌作壚罏說文作盧㼾也玉篇罍也廣韻盧罏

文作壚說文壚黑剛土也書禹貢豫州下土墳壚

蘇穌

蘇素姑切說文蘇桂荏也本草紫蘇注云蘇从穌

舒暢也蘇性舒暢行氣和血故謂之蘇蘇乃荏類

而味辛如桂故謂之桂荏又州名亦姓說文穌把

取禾若也又廣韻息也舒悅也又韻會死而更生曰

穌今通作蘇蘇穌不用

麤粗上倉胡切說文行超遠也玉篇不精也周禮天官
內宰比其大小與其麤良而賞罰之注謂麤惡俗
又別作麄下祖古切說文疏也玉篇麤大也廣韻
麤也略也坐祖古切又倉胡切蘇詩問道已許誒
其粗押上聲

稽嵇

徯傒兹胡雞切玉篇徯待也書仲虺之誥徯予后廣韻徯
東北奚名又集韻江右人曰傒南史胡諧之傳是
何傒狗諧之南昌人故云今譌作雞又人名左傳
齊有高傒

九辨七

互前

○稽嵇 上古奚切說文建首畱止也玉篇治也考也又姓呂氏春秋有賢者稽黃下胡雞切廣韻山名亦姓魏嵇康本姓奚徙譙郡之嵆山因地改爲嵇氏音與奚同今俗呼與稽同音誤矣

霓蜺 並五稽切說文霓屈虹青赤或白色陰氣也埤雅雄曰虹雌曰霓說文蜺寒蜩也爾雅釋蟲蜺寒蜩注寒蜩瘖也揚子方言蟬黑而赤者謂之蜺○案雌霓或音五結切

輗輗 上五稽切說文大車轅耑持衡者急就篇注曰輗持蓋之杠在軾中央環爲之所以止蓋弓之前卻

也下莫貌切玉篇引車也

西襾

上先稽切說文作卤（建首）與棲同鳥在巢上也借爲東

襾之西下衣嫁切讀若罅說文建首覆也六書正

譌曰从一从冂从凵口上下覆之會意賈（要覂覃覂）覆覈等

字竝从之

卤卥（卣）

上先稽切說文西字古文中徒聊切讀若調說文

建首艸木實（雅）卤卤然也㮚㮚字从之下與九切玉

篇中尊器也爾雅釋器疏孫炎云尊彝爲上罍爲

下卣爲中郭璞云不大不小在罍彝之間或以卣

九辨一

爲古文卣字

屖犀

犀先稽切說文犀南徼外牛一角在鼻一角在頂似豕从牛从尾（字在牛部）屖遲也从尸从辛徐鍇曰不進也（字在尸部）○案揚雄甘泉賦靈遲遟兮注遟音栖文選李善注遲遟即棲遲也愚攷說文遲古文作遟徐鍇又云屖或作遟則屖乃遟字異文賦當音直（尼）切徐氏音先稽切非也賦蓋借字耳（廣韻又以屖爲瓠犀字亦誤）

谿磎

上苦奚切說文山瀆无可通者从谷奚聲爾雅釋水水注川爲谿宋均曰有水曰谿無水曰谷下胡

雞切䫉篇反戾也莊子外物篇室 空虛則婦姑勃谿注勃爭也谿空也毛晃曰从谷从奚與从谷之字異

巂嶲 上户圭切說文周燕也从隹中象其冠也冏聲一曰蜀王望帝婬其相妻慙亾去爲子巂鳥故蜀人聞子巂鳴皆起云望帝攜字从此下息委切漢書地理志越巂郡應劭曰故邛都國也有巂水言越此水以章休盛也師古曰巂音先蘂反

崖厓 並宜佳切說文崖高也 厓山邊 一在山部一在厂部 本兩字今通用

蛙鼃 上苦媧切蛙本作鼃說文蝦蟆也今作蛙俗字說

九辨七

文盡蠆也

俳徘　竝步皆切廣韻俳優雜戲下薄回切廣韻徘徊案

當作裴回今作徘徊俗字

回囬　上戶恢切說文轉也下彌箭切古文面字今俗書

以爲回字

𩙪䫿　竝杜回切說文𩙪秃皃廣韻暴風也詩小雅維風

及𩙪孫炎曰回風从上下曰𩙪俗作頹說文䫿下

隊也司馬相如上林賦隤牆塡塹經史或通用

杯抔坏　上布回切說文作桮𠤱也集韻飲器隸省作杯

下薄戻切玉篇手掬物也禮禮運汙尊而抔飲疏
云以手掬之而飲也漢書張釋之傳取長陵一抔
土注抔謂手掬之今學者讀爲杯酌之杯非也下
芳杯切說文上再成者也一曰瓦未燒又蒲枚切
禮月令仲秋蟄蟲坏戶注以土封蟄隙也釋文音陪
揚雄解嘲鏊坏而遁淮南子齊俗訓作坏屋後牆
也

裓裓

上古哀切說文宗廟奏裓樂廣韻裓夏樂章名周
禮春官鐘師以鐘鼓奏九夏有裓夏下古得切玉
篇衣裾也釋典有衣裓盛諸香華又唐書南蠻傳

西川節度使韋皋進蠻中樂其樂工皆岂龠衣以
絳氈朝霞爲蔽膝謂之裓襔

敳獃兹五來切說文敳有所治也一曰𧶠敳高陽氏子名
廣韻獃癡象犬小時未有分別

禃稹慈側鄰切說文禃以眞受福也稹種概也爾雅疏
物叢生曰苞齊人名曰稹

晨曟上食鄰切說文早昧爽也漢書天文志晨星始見
下植鄰切說文曟字重文房星爲民田時者玉篇
宿也周語農祥晨正注晨止謂立春之日晨中於

午也今用晨爲昧爽字㬓晨不用

通

瞃顰 甞眂宵切說文瞃恨張目也引詩國步斯瞃今詩大雅作頻說文𩔗涉水頻蹙也字在瀕部隸省作顰玉篇顰蹙憂愁不樂之狀今二字通用

麐麟 甞力珍切說文麟大牝鹿也麐麕身牛尾狼額馬蹄五采腹下黃高丈二玉篇仁獸也張揖曰牡曰麒牝曰麟廣韻麒麟白馬黑脊

堇堇 上巨斤切說文黏土也徐鍇曰黃土乃黏唐高駢時廣陵無食以堇泥爲餅劉仁恭時以堇泥爲錢

劉守充園滄州城中雜食堇塊（亦作墐）下居隱切詩大雅堇荼如飴傳云堇菜也爾雅釋艸苦堇注今堇葵又䓞藒藥名烏頭也爾雅釋艸芨堇艸注即烏頭也江東呼爲堇

瞋嗔 上昌眞切說文毋瞋張目也廣韻怒也史記項羽紀項王瞋目叱之下待年切說文盛气也玉篇同今音義溷而爲一毛晃曰嗔本音田至唐聲尚如此今俗則以爲瞋嫌字案說文又別出謓字云恚也賈侍中說謓昌眞切

玫玫 上莫杯切音梅美石次玉又玉篇云似瑇瑁玫下莫杯切說文火齊玫瑰也一曰石之美者從玉文馬相如傳其石則赤玉玫瑰琳珉曰玫瑰火齊珠也

玭玭 上步因切（步田二）說文珠也宋弘云淮水中出玭珠玭珠之有聲者重文作蠙下千禮切說文玉色鮮也詩鄘風玭兮玭兮

蓴蓴 上常倫切類篇蓴菜韻會水葵也初生嫩而無葉名雉尾蓴葉舒莖細如釵股名絲蓴下巴各切楚辭大招膾苴蓴只注苴蓴蘘荷也葉似初生甘蔗根似薑芽以苴蓴雜於膾中其味香美也

脣唇 上食倫切說文口耑也春秋元命包脣者齒之垣穀梁傳脣亡則齒寒下側鄰切說文驚也俗以爲

九辨七

口脣字

逡逡 上七倫切說文復也玉篇退也命也又逡巡行不進也下胡口切古文後字

兟兟 上所臻切說文進也从二先玉篇兟兟眾多貌贊字从此下子心切說文兟兟銳意也 字在先部兓重文作朁

文彣 甚無分切說文建首文錯畫也玉篇文章也廣韻六書正譌曰通用駿潛僭等字从之

彣青與赤雜說文戫也 戫音郁有文章也

芫芫 上愚袁切說文魚毒也急就篇注芫華一名魚毒

漁者煑之以投水中魚則死而浮出故以爲魚毒

下胡官切説文艸也可爲席玉篇似藺而圓詩小雅下莞上簟注莞小蒲之席也又古丸切東莞縣名又戶版切何晏論語注莞爾小笑皃

援楥

上雨元切説文引也又于眷切廣韻救助也魯語爲四鄰之援下虛願切説文履法也徐鍇曰織履中模範故曰法張鷟朝野僉載唐楊炯每呼朝士爲麒麟楥曰今弄假麒麟者必修飾其形覆之驢背及去皮還是驢俗作楦

九辨七

旛幡 竝孚袁切說文旛胡幡也徐鍇曰胡幡之下垂者玉篇旌旗總名也說文幡書兒拭觚布也徐鍇曰觚八棱木於上學書已以布拭之今俗呼幡布内則所爲帉帨是也集韻一曰幟也

煖煥 上況袁切說文溫也廣韻暄煖同禮記煖之以日月莊子煖然似春又人名戰國策有馮煖下乃管切說文溫也魯語海大風多煥漢書王褒傳襲狐裘之煥經典亦借用煖字

鶱鶱 上虛言切讀若軒說文飛皃張衡西京賦鳳鶱翥

於豈標杜詩風雅蔦孤騫韓詩挾勢欲騰騫下上
乾切說文馬腹縶也（玉篇）亦虧也詩小雅不騫不崩又
姓又人名漢張騫上字从鳥下字从馬俗多以騫
爲騫舉字讀若愆誤

藩藩
竝甫煩切說文藩屏也詩大雅介人維藩又廣韻
蘺也易大壯羝羊羸藩五經文字曰藩本藩蘺字
亦作屏藩字今獨用爲藩蘺字說文藩大箕也屬所以
推棄之器廣雅藩蘺大箕也（一曰蘺也）

歕噴
竝上普魂切（普悶二）說文歕吹气也玉篇口含物歕散也班

九辨七　辨異一　三三

冋東𨛫都賦欿野歕山下彗閟彗魂二切說文吹也玉篇鼓鼻也戰國策俛而噴仰而鳴今二字或通用

飡餐

上思渾切說文作𩚳餔也周禮天官宰夫宥賜之飡牽(俗作飧)鄭司農曰夕食也趙岐孟子注朝曰饔夕曰飡下七安切說文呑也又漢書注小飯曰餐說文又从水作湌廣韻曰俗作飡

髡髨

上苦昆切說文𩬊髮也周禮秋官掌戮髡者使守積漢書刑法志髡鉗爲城旦舂下徒感切玉篇髮

垂也詩鄘風髧彼兩髦

根根 上古痕切說文木株也下户恩切讀若痕玉篇輓也廣韻急引也毛晃曰吳楚俗謂牽引前卻爲根格朱子語類漢書引繩排根不附己者今人誤讀根爲根根格猶云抵拒引繩排根如以繩扞拒然

案今作引繩批根

奸姦 上古寒切音干說文犯婬也玉篇亂也左傳成十三年奸絕我好漢書溝洫志使神人各得其所而不相奸俗讀若菅非是下古顏切說文私也一曰

大辨七

詐也書舜典寇賊姦宄注劫人曰寇殺人曰賊在外曰姦在外曰宄俗又作奸

廣韻削也劉歆荅揚雄書縣諸日月不刊之書言不可削除也

刊刋

上苦寒切說文剟也从刀从干又斫也書禹貢隨山刊木下七見切玉篇切也韻會曰刋从千戈之千刋从千百之千今俗書不辨

凡凡

上胡官切說文建首作丮从反仄今俗作丸廣韻彈

傾仄而轉者徐鍇曰仄者一面鼓而不可回故仄而爲凡凡可左可右也

凡也俗作丸下符咸切說文最括也玉篇非一也

紈紈

上胡官切說文素也急就篇曰紈即素之輕者下巨鳩切廣韻絿同急引也

古詩丸首被服紈與素

雈雚（雈）

上胡官切說文建首萑鴟屬說文雈亂也隸省作雈詩豳風八月雈葦疏云初生者爲菼長大爲亂成則爲雈上字从𠂇下字从艸从雈今涵而爲一

与雈雚之字各別

雈中字从艸从隹

所鳴其民有禍爾雅釋鳥雈老鵵注似鴟鵂而小兔頭有角毛好夜飛兒食雞中戢追切說文艸多兒爾雅釋艸雈蓷注今茺蔚也疏云一名蓷一名益母下胡官切

絙絚

上胡官切說文作緪緩也亘隸變爲絙下古恒古鄧二切說文作緪大索也隸省作緪一曰急也楚亂九歌緪瑟兮交鼓注緪急張弦也今承隸省作絚俗誤以絙爲絚字音義字畫俱非

莧萈

上胡官切說文建首小羊細角而形大者六書正譌曰上从卝从是羊頭非艸頭下从見如兔字非見

大辨七

字寬字从之字書入艸部非下庚襉切說文莧菜也

溥溥上度官切說文露皃詩零露溥兮下滂古切說文大也增韻徧也上字从專下字从尃

摶搏上度官切說文摶圜也禮曲禮毋摶飯字从專下補各切說文索持也一曰至也〔禮月令孟秋務搏執〕又手擊也〔拊也〕攫也字从尃

謾慢漫上毋官切說文欺也晉書刑法志違忠欺上謂之謾廣韻慢也漢書兩龔傳婧謾謾狀又中謨晏切

說文惰也廣韻怠也倨也緩也又放肆也下莫半切廣韻大水也唐詩柳塘春水漫又漫衍爛漫又謨官切博雅漫漫平也又路長皃

拌拚

上普官切博雅捐棄也揚子方言楚人謂揮棄物曰拌戶下皮變切說文作本字拊手也宋書何承天傳歌拚就路注手舞皃又孚袁切同翻博雅飛也詩周頌拚飛維鳥俗或譌以拚爲拌棄字

還遝

上戶關切說文復也下徒合切說文迨也玉篇迨遝行相及也

環鐶 並戶關切說文環璧也肉好若一謂之環爾雅釋器肉好謂之環注邊孔適等玉篇鐶指鐶

閒閑 上古閑切說文隙也廣韻中間也俗作間非又借為閒暇之閒下戶閒切說文闌也从门中有木徐鍇曰閑猶闌也从木距门會意俗以為閒暇字

掔擥掔 上苦閒切說文固也臣鉉等曰今別作慳非是莊子注牢也中盧啟切說文撮持也玉篇手擥取也下烏貫切說文手掔也揚雄曰掔握也儀禮約中指結于掔掌後節中也俗作腕捥並非

下平聲

牽舝 上苦堅切說文引前也从牛象引牛之縻也玄聲下胡瞎切集韻車軸端鍵也詩作舝小雅閒關車之舝兮朱注舝車軸頭鐵也亭車則脫行則設之

瞑瞑 注莫賢切說文瞑翕目也（玉篇寐也）俗作眠非又廣韻莫經切合目瞑瞑也埤蒼瞑注言而聽也

然肰 注如延切說文然燒也肰犬肉徐鉉以肰爲然燒字又加火作燃注非

延延 上以然切說文長行也从廴延从丿下諸盈切說文

辨異　三十六

正行也从辵正聲漢書武帝功臣表征亦紀年皆作

延和顔師古曰延上征字从一从止

筵筵 註臣延切說文筵竹席也廣韻鋪陳曰筵藉之曰

席韻会筵草名

梴梴 上丑連切說文長木也詩商頌松桷有梴下式連

切讀若[禾亶]說文長也韻[禾亶]引也漢書叙傳以德相

梴又揚子方言秦晉之間凡取物而逆謂之篡

载謂之梴

纏躔 禪禪

註直連切說文纏繞也躔踐也廣韻日月行也

入去聲

篇萹 上芳連切說文書也一曰關西謂榜曰篇下布亥

補殄二切萹雅釋艸竹萹蓄郭注似小藜赤莖節

好生道旁可食人謂之萹竹俗譌以為篇字

緜棉 武延切說文緜聯微也玉篇新絮也廣韻精曰

緜麤曰絮今文作綿 緜本从系說文在系 誤也从系偏旁不同 廣韻木

棉樹名吳錄曰其實如酒杯中有綿如蠶綿可作

布業也今木棉所作絮即古之絲緜也與棉絮異

鐫鑴 上子全切說文穿木鐫也一曰琢石也下戶圭切

說文瓽也廣韻大鐘又周禮春官眡祲掌十煇之

辨異

竟

灋以觀妖祥辨吉凶一曰祲二曰象三曰鑴注鑴
謂日旁氣四面反向如煇狀也

船舡 上食專切說文舟也揚子方言關西謂之船關西東
謂之舟下許江切廣韻䑻舡船皃五音集韻曰似
船字俗䑻曰帆舡之舡爲舟船其順非者如此者

鞭鞕 上卑連切說文驅也玉篇笞也馬箠也下五更切
玉篇堅也与硬同○漢隸省鞭爲鞕非是

鱄鱒 上職緣切說文魚也又人名左傳昭二年注鱄諸
勇士亦作專諸下善明切与鱒同玉篇鱒鱒魚一

名江肸天丸風則蹁

椽掾 上直攣切說文榱也下以絹切說文緣也六書故曰掾屬官通稱漢書蕭何傳為沛主吏掾音又正曰掾則曰屬

凋彫雕 注都僚切稠荷之凋从仌彫刻之彫从彡雕鳥之雕从隹或从鳥作鵰俗混雕鳥字与隹有別餘多通用

儌徼 上堅堯切說文作儌奔也廣韻儌幸或作徼下古弔切說文循也玉篇邊循也毛晃曰儌幸字本作儌从人又為邊循之循為儌幸之儌相尋混久矣

辨異

三之八

寮寮　注案曰爾雅釋詁注同官為寮亦作僚正字通小窗也楊慎曰古人以同官為寮亦指官署同窗為義說文寮穿也一曰全也論語有公伯寮案之說公伯亦寮不作寮而小窗之義宜從穴作寮存參

消銷　注相么切說文消盡也銷鑠金也今或通用消字

囂嘂　上許驕切字本作囂亦作嚻說文聲也气出頭上從器器從㗊口諠省聲又諠作嚻說文建從字從頁頁首也下古弔切說文作嘂高聲也一曰大呼也從㗊丩聲周禮奏

蒐
蒐蒐 上所鳩切字典正字通所切玉篇曰山西謂之蒐說文從艸鬼聲茅蒐說文所引下呼皮切說文呼從蒐

官從人㠯旦以衆百官亦稱群吏大頃因之號踈

云音大如叫呼聲

歊敲

上許嬌切說文歊歊气出皃又滾歊屬名下口交切（字從攴）

切說文橫擿也徐鍇曰從高橫擊也字從攴俗譌

从攴非

䌛繇

上餘招切廣韻隨也由也喜也詩云我歌且䌛下（說文作䌛隨從也傳注之俱作䌛）

直祐切說文無干祿字書曰䌛爲繇字䌛下非音

繇師古漢書注曰卦兆之辭本作籀左傳作繇䌛

䌛曰从缶从卜从系今經典皆作繇矣

辨定

冕

苗苗 上武瀌切說文艸生于田者又廣韻夏獵曰苗下
徒歷切說文蓨也爾雅釋艸苗蓨又馬尾
玉篇曰羊蹄艸也

祆祆 上於喬切說文作䄏玉篇天反時為災地反物為
祆下火千切說文關中呼天為祆又廣韻胡神又
官品令有祆正

茅茆 上莫交切說文茅菅也下莫飽切說文作茆鳧葵
也爾雅釋艸茆鳧葵鄭小同曰蓴菜艸某詩魯頌
薄采其茆陸璣疏茆與荇菜相似可食江南人呼

之尊武臣之水廣与菁彘物異音之假書從之用
節為菁非是惟周禮天官醢人節蘋節蒲為菁葅
亦借音非同字也又案說文藾从艸頼聲讀若柳
綫由字書从非非非聲相近交非而非自是古音
泮水薄采其節与下漚老正韻説菁是隨意節是

小雅汏不可通

脊

脬胞

註匹交切説文脬膀光也廣韻脬中水府字在肉部説

文胞兒生裹也字在包部從以音同便借用胞爲膀光字

晉嵇康与山巨源絕交書云每常小便而忍不起

辨異 四十

令脂中昳犄乃起耳里說晉間人即以脂為膠也

肴殽淆 註胡茅切說文肴啖也玉篇俎實也亦作餚廣韻凡非穀而食曰餚說文殽相錯雜也廣韻淆溷淆濁水三字各意假通用者殽二通用殽淆

磽墝 註口交切說文磽磬石也玉篇堅硬也廣韻墝埆上〻或通用

蒿薨 上呼高切說文菣也禮月令注蓬蒿之屬下荒注切乾魚也又死人里曰薨里通作蒿

韜弢 上土刀切說文韜劍衣也弢弓衣也々多通用

韜謟 上土刀切爾雅釋詁疑也（毛氏曰从言从舀与諂諛字不同）又作慆左傳昭二十六

年天道不慆注慆疑也下丑琰切說文作讇諛也

或省作諂經典通用此字

滔滔 上土刀切說文水漫漫大皃書堯典浩浩滔天下

胡感切說文泥水滔滔也一曰繅絲湯也下字水

凡从慆滔韜幍等字从上下字从臽凡陷閻諂欿

等字从

幍帽 上土刀切廣韻同絛編絲繩也下莫洽切云帢玉

三六

罡

篇帽也帖同晋書謝艾常白幍南史郭世通服除未尝

釋衣幍曰

搯搯

上土刀切說文捾也周書曰師乃搯捾搯者拔兵

刃以習擊刺昌黎孟郊東野墓志鈎章棘句搯擢胃腎

下苦洽切音恰說文爪刺也玉篇爪按曰搯晋書

郭舒傳搯鼻灸眉以古詩鵠霞不搯奚

繅繰

說文上穌遭切繹繭為絲也下親小切帛如紺色

或曰深繒之通作繅亦桑讀作上聲者

褎褏襃

上博毛切說文作褒衣博裾从衣保省聲保古

文保玉篇揭美也中彥𢈹切爾雅釋詁原也下似又切說文衣被也俗作袖釋衣袖由也手所由出入也亦作受也呂受手也又廣韻余救切服飾盛皃詩褎如充耳傳曰盛服也

醝醝 話昨何切醝說文作𪉈鹹也从鹵差省聲河內謂之𪉈沛人言若虘玉篇醝白酒也周禮鄭白[illegible]明曰今之白醝酒也

騾驢 上落戈切說文作驘驢父馬母亦俗作騾罵遠後王寺騾車陪鄭笑下力居切說文驢似馬長耳

蠃蠃 上郎騾來字中郎果切說文蜾蠃也玉篇肆兵
亦通作螺下郎果切(廣)韻蝸(未蠃)也又果蠃栝樓也
嬴嬴 上以成切說文嬴帝少昊氏之姓又秦祖伯翳(伯卽)
蓋西羸主嬴之多息賜姓嬴說文嬴賈有餘利也
文贏(賕曰嬴負)日再曰贏
捼桵 上奴何切說文推也一曰兩手相切摩也玉篇等
曰俗別作挼非是下儒隹切說文白桵棫亦雅注
白桵小木
禾禾 上戶戈切說文建首嘉穀也下古兮切說文建首

積字从之

蕐嶪

上户瓜切說文建首業也从艸从𠌶下胡化切說文山在弘農華陰从山華省聲今通作華

拏挐

上女加切說文牽引也下女居切說文持也从手如聲莊子漁父而引其船又牽也拘挐紛挐擾挐亦作䶂䶂吉居注挐拏亦有搏執牽引也女居切

瑕瑖

上乎加切說文玉小赤也說文馬赤白雜色亦作騢騢字注亦作瑕亦玉又玉小赤也下都玩切美毅石

石似玉者

鍛鍛

叉叉上初牙切説文手指相錯也揩説似呼捭手曰叉

手擁詩逢人手衽叉[illegible][illegible][illegible]下側佼切説文手足甲也

牙牙上五加切説文建首牡齒也下似互字似舎又以

爲牙字

枒桙上五加切説文木也一曰車輞会也似作椰又庚

説杈桙下胡誤切枑字了似説文枑行馬也周禮曰

設梐枑再重説会枑者交互其木以為遮闌也

入去聲

前去

鍛鍛上呼加切説文鍛鍛頸鎧也下丁貫切説文小冶揩

説冶金曰鍛

楂槎上鉏加切廣韻水中浮木〔同槎〕下仕下切說

文作槎衺斫也春秋外傳山木不槎國語書為貞

注云刊槎其木假用為浮查字非詳辨体查字

衺袤上似嗟切說文褱也詳玉篇邪私也今通作邪下

莫候切說文衣帶以上一曰南北曰袤東西曰廣

奓爹上陟加切廣韻侈也莊子知北遊篇奓戶而入

下徒可切廣韻父也南史梁始興王憺傳詔徵還

荊人歌曰始興王人之爹赴人急如水火何時復

來哺乳我荊土方言謂父為爹故云爲奢如字

文阿參阿八

昜易 上与章切說文開也从日从一从勿一曰飛揚一曰長也一曰彊者衆皃字在勿部漢書地理志更陽郡曲昜 師古曰昜古陽字 下羊益切說文·蜥蜓宮蜴交易也朱子周易本義曰易者有交易變易之義故謂之易

暘睗 上与章切說文日出也書傳明也 下羊益切日覆雲暫見也

敭敭 上与章切集韻揚古作敭 書古文訓明〻敭仄陋

錫

乜書作揚宋李貝偉傳明敬也亦瑒瑒瑒若伯旦

以敬字瑒為唐諱字也下以智切說文悔也瑒瑒回瑒 唐諱移簡西敭

瑒瑒与敬字不同

禓禓 上与章切 說文道上祭一曰道神 玉篇彊鬼也 禮

郊特牲鄉人禓 注禓彊鬼 時儺索室驅疫逐彊鬼

也 下先擊切 說文袒也 詩話古上衣曰禓 又禮玉

藻裘之禓也見美也 疏裘上加禓衣 禓衣上加他

服 稱開露禓衣 見禓衣之美 以為敬也

餳餳 上徒郎切 說文飴和饊也 揚子方言 餳謂之餹

壹

四十

象錫洋也袁宋諸祠洋々然也下徐盈切廣韻飲也揚子方言餳謂之餦餭錫錫本二字俗溷爲一

瘍瘍 上与章切說文頭創也左傳襄十九年荀偃癉疽生瘍於頭又周禮天官瘍醫注瘍創癰也下羊益切說文脈瘍也廣韻病相染也集韻閩中謂病相傳爲瘍

梁粱 上呂張切說文梁水橋也从水从木办聲又尔疋釋宮楣謂之梁々州名說文粱米名从米梁省聲廣志遼東有赤梁魏武以爲鬻也

商啇上式羊切說文从外知内也从冏章省聲字亙冏部冏也

滑切說廣韻度也今用為商賈字商賈之商本作文建省

啻下都歷切廣韻本也俗与商通用非是

觴鬺詳式羊切說文觶實曰觴虛曰觶廣韻酒器觴行

玉篇作鬺煑也漢書郊祀志注鬺亨煮而祀也韓詩引

采蘋曰于以鬺之惟錡及釜說文作䰜从鬲羊聲

場場上直良切說文祭道神也穀所一曰築土為壇除

地為場又廣韻治穀地也从土从昜俗作塲亦不

羊益切說文田畔也大界曰畺小界曰埸从土从

易

娘孃　上女良切廣韻少女之號下汝陽切音穰說文煩擾也一曰肥大也○案廣韻孃字兩見一汝陽切憂也一女良切母稱該字亦用爲母稱無同說文之義者

妝籹　上側霜切說文飾也从女牀省聲字在女部下人諸切說文粔籹也楚詞招魂粔籹蜜餌王逸注以蜜和米麵熬煎作粔籹也俗每以籹爲妝字誤

常嘗　時羊切說文常下帬也亦作裳玉篇常恒也廣

説偐尋曰常又太常旗名釋名九旗之名日月為常畫日月于其端天子所建言常明也説文甞口味之也从旨尚聲廣韻試也曾也

鷞騻

注所莊切説文鷞鷞西方神鳥史記司馬相如傳家貧以鷞鷞裘貰酒俗作鸘玉篇驦騻古之良馬杜詩聞説真龍種仍殘老驌騻俗作驦

戕戕

上在良切説文槍也廣韻殺也又慈郎切玉篇戕繫舩大戕也亦作牂俗亦作戕誤

強彊

注巨良切説文強蚚也从虫弓聲籀文作彊俗作鉄

彊与强義不相近。秦刻石文从口，彊从籀文省字。部也。玉篇：弶，米中蠹，亦强。釋蠹：蚼蠪，强蛘。注：今米穀中小黑蟲是也，建平人呼為蛘子。說文：彊，弓有力也。从弓畺聲。二字各義，自廣韻篆列彊而進以暴也，經典通用無別，而米蟲之義廢矣。五經文字云：彊，弓有力；彊，壅字，本今作此字。彊者蟲不亦是。强蚚是也，今經典相承通用之。

鐺鋃

上都郎切，說文鋃鐺鎖也。下魯當切，廣韻鼎屬。六書故：三足釜也。又臣范南齊竟陵王子良造白獸

以俗異山漚鏤俗作鐫非是說文鐫穿也

肓盲

上呼光切說文心上鬲下也从肉亡聲春秋傳曰病在肓之下下武庚切說文目無牟子釋名盲說也茫茫無所見也

巟㐬

上呼光切說文水廣也从川亡聲易曰包巟用馮河五經文字曰巟大荒字下它骨切說文建首古字重文𠫓从倒古文子即易突字俗諸从云作㐬五經文字曰巟經典相承作㐬誤也又案說文㐬為力求切与旒同旌旗之旒也亦非

傍旁

上步光切說文傍近也又側也說文旁溥也二字通用無別

卬邛 說文上五剛切望欲有所庶及也从匕从卩詩曰高山卬止字在匕部○案卬止之卬亦讀魚兩切同仰廣韻我也詩邶風卬須我友 下渠容切說文邛地在濟陰从邑工聲廣韻勞也病也

藏蕆 上昨郎切說文匿也廣韻隱也 下丑善切說文左氏傳以蕆陳事杜預注云蕆敕也从艸未詳玉篇解也備也

横橫 上戶盲切說文闌木也廣韻縱橫也 下胡光切爾雅釋草傅橫目注一名結縷俗名鼓箏草

京亰 上居卿切說文人所爲絕高丘也廣韻大也下[illegible]

素切曰原單見作水東山本詳見辨通作山而未
字之似
中本未誤

稿揭 上
稿揭 音彥切說文所以輔弓弩也又此画切是取也居切一人舉人也抹掌也居亍人老來落之說又此頭也說文舉也又拆之揭然四作揭亦亦下落居切要曰字揭也汉書帅弓傳矣揭学數手注揭[illegible]

𢐉𢐉 三下[illegible]

棖揨 宅耕切說文棖杖也一曰摩也廣韻門兩旁木亦作揨釋文棖經之摸廣韻棖觸也字从手俗涸从木作棖
揨出莊子以手揨拔揨之注南人以
手觸物曰揨

甿氓 莫耕切說文甿民也氓田民也今或通用

清凊 上七情切說文朖也澂水之皃下七政切說文寒也禮曲禮凡為人子者冬溫而夏凊注溫以禦寒凊以致其涼

晶皛 上子盈切 說文精光也 从三日 曡疊等字从之 下烏皎切 說文顯也 从三白

酲醒 直貞切 說文病酒也 一曰醉而覺也 詩小雅憂心如酲 玉篇醉未覺也 下桑經切 說文醉解也 又[採]醒縠夢覺也 又蘇挺切 義同

瞏眔 上渠營切 說文目驚視也 从目袁聲 詩曰獨行瞏瞏（作睘） 瞏今通隸省作睘 下徒合切 說文目相及也 从目从隶省 遝𨂂等字从此

廷迋 上特丁切 說文朝中也 从廴壬聲 下于放切 說文往也 春秋傳曰子無我迋 廣韻欺也

莛筳 上特丁切 說文莛莖也 漢書東方朔傳以莛撞鐘

注曰稾莛也玉篇亦其聲不可發也又特頂切義同說文莛繀絲管也廣韻竹莛

苓芩 上郎丁切說文卷耳也亦玉篇艸卷耳卷耳也下巨金切說文艸也詩小雅呦呦鹿鳴食野之芩疏云根如釵股葉如竹蔓生澤中下地鹹處為艸其實牛馬亦喜食之

泠冷 上郎丁切說文水出丹陽宛陵西北入江玉篇清也凡泠泠清泠字從水下魯打切說文寒也字從仌

寍寧 註奴丁切說文寍安也從宀從心在皿上皿人之

貢

草

飲食器所以安人也（字在宀部）說文寧願詞也从丂寍聲（字在丂部）今通作寧（盡寍以寍為古文寧字辨）

扃扄

上古熒切說文扃外閉之關也禮曲禮入户奉扃又左傳注（宣十二年）扃車上横木所以約車上之兵[illegible]下垂（字从冋）

掌切音賞玉篇户耳也字从向俗每以扄爲扃字

蒸烝

註煑仍切說文蒸折麻中幹也廣韻麤曰薪細曰蒸又眾也進也又木王冬祭曰蒸經典亦通作烝

說文烝火氣上行也

淩凌

註力膺切說文淩水在臨淮漢書地理志泗水國

凌初注淩水所出又博雅馳也一曰歷也凌說文
作勝仌出也从仌朕声詩曰納于勝陰重文作凌
又里孕切風俗通積氷曰凌

升升

上識蒸切說文龠也十合為升又廣韻布八十縷
為升下當口切說文作斗隸變作升昔人以其文
与升字溷改為升俗又作斗雲間朝眾注云謂曰
升十之也又詩兩王如日之升俗加日作昇非

氷冰

上筆陵切說文里字作仌凍也偏旁作冫下魚陵
切說文仌堅也从仌从水俗作凝作凝[illegible]鋌曰

後人以冰代仌以凝代冰[illegible]

今作筆陵切以為文凍之文○唐李陽冰字少温

當作魚陵切

兢競上居陵切說文作競競也从二兄二兄競意从丰

言旬兢之戒慎皃

聲讀若矜一曰兢敬也字在兄部隸省作兢下渠敬切說

文作䛕彊語也一曰逐也从誩从二人字在誩部誩讀若競

隸變作競廣韻爭也

稱偁處陵切說文稱銓也廣韻知輕重也又昌證切

權衡也正斤兩者諸葛亮曰我心如稱俗作秤非

又意物之宜也說文偁揚也亦並釋詁舉也廣韻

宣揭美事又言也之通用稱爲宣揭字

𤼷登　丁部滕切　登説文作𤼷上車也（字在癶部亦在釋）（癶詮美搜）詁升也玉篇上也進也登説文作䝉禮器也从廾持肉在豆上（字在豆部亦在釋）䇺豆説之登

案此隸之變从癶豆登之變从夕从豆从廾肄变从月（此字隸从變隸書作癶）从又又即手字夕字肉字持登肉于豆之義俱失

不辨鄭樵六書略以爲登豆也借爲升登之登兩字爲一誤矣

𡚁𡙕　上呼版切説文以爲𡙕也从卜貝曾省聲下呼毛切

說文灰人黑也从灰蓄省聲玉篇灰黑皃也今

亦作蓄黑又荼洼切周禮辨其物而龜蓄注蓄黑也

縢縢 並徒登切說文縢緘也从糸从朕廣韻行縢也說

文縢囊也廣韻囊可帶者

尤尢 上羽求切說文異也从乙又聲下烏光切說文建

首亦作尪俗作尣

篍萩 並七由切說文篍吹筩也玉篇竹筩也說文萩蕭

也爾雅釋艸蕭萩注即蒿左傳襄十八年秦周

雍門之萩

尤尢上以周切六書通曰說文馬援傳尤蹄未決从犬

厓其足与尢畋相似下餘鍼切說文謂之[illegible]行皃从人出

冂字在冂部

游遊[illegible]以周切說文旌旗之游也廣韻浮也放也亦本[illegible]

又玩物適情之意[illegible]遨遊也又交遊來兩字

亦多通用

㽕𢎘上以周切說文木生條也从马象枝條華圅之形

書曰若顛木之有㽕櫱古文作由櫱字在马部徐鉉曰

說文無由字今尚書只作由櫱蓋古文省马而後

查說文

切之通用而用由字廣韻謁作甹下諳丁切說文亟詞也从丂从由或曰甹俠也三輔謂輕財者為甹玉篇普丁切由用也任俠用气也 字在丂部

修脩

詳息流切說文修飾也 字在彡部 廣韻理也說文脩脯也玉篇長也二字每或通用

盩盭

上張流切說文引擊也从㚔攴見血也 扶風有盩厔縣 字在㚔部 譯上篇

而盭作盭非字書說諸下郎計切說文弼戾也从弦省从盩讀若戾 字在弦部 玉篇 上作戾

于王傅為人賊盭注盭古戾字未違也又讀盭長

非本戾不可行也

醻詶 註市流切說文作醻主人進客也重文作酬〻用𠱩字儀禮注酬勸酒也廣韻報也以財貨曰酬說文詶譸也玉篇𠻤也廣韻以言𠻤之也據𠱩訓唱詶〻詶當作𠱩字

鏤鏤 上所鳩切爾雅釋器注刻鏤物為鏤下七茳切玉篇馬首飾蒙茸粉數金鏤者馬頭也如玉華刻金馬髦者○廣韻十八尤鏤字作𩥉馬高耳飾誤

紬綢 註直由切說文紬大絲繒也及綢繆也亦絲繒之紬亦通用綢

裯裯 上直由切 詩抱衾與裯 傳曰牀帳也 玉篇廣韻説以爲禪被 下都晧切 説文裯禱牲馬祭也 詩曰既禡既裯之詩作禱 古文同字 周禮春官甸祝裯牲裯馬皆掌其祝号 注杜子春曰裯禱也 爲馬禱無疾 爲田禱多獲禽牲

艽艽 上巨鳩切 説文遠荒也 詩曰至于艽野 下玉篇曰丩居由切 菜名 字本作芁 本草云出秦中 以根作羅紋交糾者良 故名秦糾 亦作艽 又居肴切

掫掫 [illegible]子侯切 説文掫戒夜守有所擊也 左傳昭二十

年賓以揻主人翁注揻以指也即之擊柝說文揻

未詳也

嫿嫿畫 託侯切說文靜好也廣韻益也下革呼麥切說文

嫿也一曰嫿也左傳襄三十年晉歸之嫿也又說

考古音訣嬇亦章生雲山玉亍嬇全取實

林林 山音字

箴葴葴 上職深切說文綴衣箴也從竹咸聲補綴

又漢書藝文志黃帝經箴石湯火所施注箴所以刺

病也石謂砭石即石箴也又姓風俗通衛大夫箴

莊子中職深切說文馬藍也爾雅釋艸葴馬藍注

今大篆字蓋是也又國語黄帝子十二姓之一下
都奚切史記仲子弟子傳曾蒧以西蒧字家蒧今
或作點〇案說文黑部黮注黮而黑也古人不黮
字子晳七感切與史記合

椹甚

上知林切玉篇鐵椹斫木櫍也（旁注：諸古）或辨人用椹質戰
國策范雎曰臣之胷不足以當椹質下竹鴆切玉
篇案字亦誤作萁說文無椹字

~~又作黮注云桑黮~~

~~之甚中字車切字亦但隸文字指鴻曰假用椹爲~~

案萁字〇萁說文作黮注云桑黮之黑字亦與字但隸

突突 上式鍼切說文深也一曰竈突突从穴从火从求省 下徒骨切說文犬在穴中暫出也一曰滑也

壬壬 上如林切說文建者壬任北方之示王釋訓壬佞也 下它鼎切說文建立作𡈼从人从土 隸文爲壬 凡聽廷望聖等字从此

淫婬 婬 上余箴切說文淫浸淫隨理也一曰久雨爲淫 又中審箴切說文婬私逸也亦通作淫 下餘招切說文曲肩行皃一曰跳也美好也又山海經有姑嶢之山

菤卷 上居轉切說文菤耳也卷艸也詩言野之蔓

䒞 草菤之菤生作菤

蔆蔆 上盧膺切說文人蔆从艸生上堂 下失膺切田道

丟

叀八

說文卷藉也

左方

林林　上力尋切　說文平土有叢木曰林　下匹卦切　音派

說文違也　廣韻𣏟紵也　𣏟字从𣏟

譚談　上徒含切　玉篇大也又譚國名之姓　說文談語也　或通

用譚

蠶蚕　上昨含切　說文任絲也　廣韻吐絲蟲　下它典切　爾

雅釋蟲螼蚓蜸蚕注即䗃蟺江東人呼寒蚓俗

用為蠶字屬文誤

耽眈　上丁含切　說文耽大耳垂也　淮南子[illegible]新訓考文

猒猒上形盡切說文飽也从甘从肰

眈耳垂其下注眈耳之承垂肩上又玉篇樂也詩云于士眈兮中
廣和樂且眈說文及小雅詩作耽詩小雅作湛
義說同說作耽非說文眈視近而志遠也易頤
卦作視眈眈釋文眈眈虎本視見

蔞蔞上余廬切說文作楼樓也玉篇等曰俗作蔞非也
盾膕等字下視蔽切蒿花名見佛經玉篇蔞林木名山海經金星之山多蔞林又

蘞蘞上力鹽切說文蘞白蘞也亦就蓠注蘞莖鏡之花菜
今鏡從也下良冉切說文薟字重文白薟也又力
鹽切詩唐風蘞蔓于野疏云蘞似栝樓葉盛而細

是

是

佥侌 註七廉切 說文佥皆也 虞書曰佥曰伯夷 字在人部今誤子部

按玉篇侌籀文作篇海侌音文字也

瞻聸 上職廉切 說文瞻臨視也 韻會仰視曰瞻 下都甘切

說文垂耳也 山海經南方有聸耳之國

幨襜 註處占切 玉篇帷也 釋名牀前帷曰幨 亦作 廣韻襜襜蔽膝

衣蔽前謂之襜

箝鉗拑 註巨淹切 說文箝籋也 鉗以鐵有所劫束也

即漢書所謂髡鉗者是 說文拑脅持也

黔黚 上巨淹切 說文黎也 秦謂民為黔首 謂黑色也 周

沾霑 上它兼切說文水出壺
關東入淇一曰益也注邑
之濡之 下張廉切說文
雨霑也 从雨沾聲 俱作霑
以沾為霑之霑

嵒喦 上五咸切說文山巖也从山品玉篇曰从品象
巖崖連屬之形 下尼輒切說文多言也从品相
連春秋傳曰次于喦北讀與聶同今春秋僖元年
齊師宋師曹師次于聶北三傳經同二字古或通
用也

謂之黎民易曰為黔喙 下黥渠京切墨刑在面也

臺

四八

辨異第四之二　字學九辨卷之五

吳郡吳翌鳳詮次

上聲

董蕫　丛多動切說文董薡董也杜陵曰藕根爾雅釋艸薡董疏曰狀似蒲而細又釋詁董督正也廣韻又姓案說文有蕫無董故漢碑漢印俱通用無別

踵蹱　丛之隴切說文踵追也一曰徃來皃又踵跟也今通作踵

寵竉　上丑隴切下力董切佩觿寵愛也竉孔竉也經典

辨異　一

釋文條例云竈字爲竈傻戌兩失

隴壠 丛力踵切說文隴天水大阪也廣韻亦州因山名之說文壠丘壠也揚子方言秦晉之閒冢謂之壠

宂穴 上而隴切說文㪔也从宀从儿義見辨體下胡決切

紙紙 上諸氏切說文絮一苫也後漢蔡倫以魚网木皮爲紙詳見辨體下都奚切說文絲滓也

扺抵 上諸氏切說文側手擊也漢書杜周傳業因埶而扺陒注陒毀也言因事埶而擊毀之也下都禮切

說文擠也廣韻擲也又大抵猶言大凡也

庪屐上過委切說文祭山曰庪縣爾雅釋天注或庪或縣置之於山疏謂藴藏之玉篇閣也集韻庪閣藏食物今省作庋下奇逆切說文屩也从履省支聲字在履部增韻木屐也

掎犄上居綺切說文偏引也廣韻牽一腳漢書敘傳注掎偏持其足也下於離切廣韻犗也集韻牛名

蘂蕊並如累切韻會蘂艸木華蘂廣韻華外曰蕚華內曰蘂玉篇蕊艸木實節生也韻會艸木叢生今通

用無別

褫褫　上池爾切說文奪衣也易訟卦或錫之鞶帶終朝三褫之說文音直离切讀若池案經典釋文音敕紙反又直是反無平聲故今不从說文下息移切說文福也張衡東京賦祈褫禳災

爾介　兹兒氏切玉篇爾汝也又語助說文从冂从㸚介聲㸚字在㸚部說文介詞之必然也从入丨八八象气之分散也八字在八部今與爾通用

豕豕　上施是切說文建首彘也下丑六切說文豕絆足行豕豕也六書正譌云象豕禁二足指事豖逐等

字从此

呰呰

茲將此切說文呰苛也玉篇口毀也爾雅釋詁呰
也又說文呰窳也玉篇呰窳苟且也漢書地理志
呰窳偷生而無積聚師古曰呰短也窳弱也言短
力弱材不能動作

庀疪

上匹婢切玉篇具也左傳襄九年官庀其司下卑
履切說文頭瘍也周禮天官醫師凡邦之有疾病
者疕瘍者造焉

厎底

上職雉切說文柔石也徐鍇曰可以爲厲或从石

作砥字在广部廣韻致也平也漢書梅福傳爵祿天下之底石蕭望之傳底厲鋒鍔下都禮切說文山居也一曰下也玉篇止也增韻器臋也

美羙上無鄙切說文羙甘也从羊从大俗作美五經文字曰从火者譌下古牢切同羔說文羊子也从羊照省聲鐮䳘曰美羊之羙為美其順非有如此者

几几上居履切下市朱切竝說文建首韻會曰有鈎挑者為几無鈎挑者為几鳥短羽也

机机上居履切說文机木也山海經族闔之山多松柏

杌桓下五忽切玉篇木無枝也又不安皃書秦誓邦之杌隉又檮杌獸名亦人名

姊 姐 上將几切說文作𡜋女兄也下茲也切說文蜀人謂母曰姐今俗以爲弟呼女兄之稱

匕 𠤎 上卑履切說文建首廣韻匕匙也通俗文匕首劍屬其頭類匕短而便用故曰匕首下呼跨切說文建首卽變𠤎字今通作化

軌 軓 上居洧切說文車轍也廣韻法也从車从九俗加點作軌非下父鋄切讀若犯說文車軾前也周禮

九辨八

亦當前軓

氿汍 上居洧切說文氿水厓枯土也爾雅曰水醮曰氿又爾雅注水旁出爲氿从水从九下胡官切說文泣涕皃从水从丸俗作氿非

圮圯 上符鄙切說文毀也虞書曰方命圮族从土从人己之己下與之切讀若詒說文東楚謂橋爲圯漢書張良傳下邳圯上是也从土从巳矣之巳○案漢書注應劭从水詳里切汜水之上也張泌改从土作頤音宋祁云舊本从水泌說非也今胡旦作

圯橋贊亦从水若从土則應从說文謂橋爲圯之訓李白詩我來圯橋上是謂我來橋橋上矣應从應說爲長

巿市

上時止切說文作市買賣所之也从㞢从冂从乀字在冂部隸變作市下分勿切說文建首韠也經典通作芾

己巳

上居擬切說文建首作己廣韻身也韻會對物而言曰彼己又十干之一下祥里切說文建首作巳讀若似玉篇辰名又羊己切廣韻止也甚也今以

九辨八 辨異二 五

巳爲辰巳之巳別作己爲終己之己說文止有辰巳字

汜氾

汜上詳里切說文水別復入也一曰汜窮瀆也詩曰江有汜又廣韻水名在河南成皋縣山海經浮戲之山汜水出焉北流注於河水經注河水又東逕成皋大伾山又東合汜水汜水隋於其地置縣下孚梵切說文濫也廣韻亦水名水經注濟水條下菏水東北出於定陶縣北屈左合氾水氾水西分濟瀆東北逕濟陰郡南張晏曰取其氾愛弘大而潤下

也今又以浮汎之汎爲氾濫字

庤 痔

上直里切說文庤儲置屋下也玉篇具也詩周頌庤乃錢鎛注具也說文痔後病也莊子列禦寇舐痔者得車五乘

柹 柿

上鉏里切說文作栜赤實果隸變作柹禮內則棗栗榛柹俗作柿非下芳吠切說文作栜削木札樸也陳楚謂櫝曰栜徐鍇曰削木櫝也顏氏家訓曰削柿削札櫝之柿古者書誤則削之左傳云削而投之是也晉書王濬傳濬伐吳造船木柿蔽江而

[illegible]豐上[illegible]切⺀不從[illegible]又詳書切[illegible]注⺀注亦[illegible]中[illegible]生[illegible]也又注⺀[illegible]不下[illegible]切[illegible]也

下俗亦作柹與隸書柹果字無別

胐胐上芳尾切說文胐月未盛之明周書曰丙午胐傳云月三日明生之名下苦骨切博雅胐腳也今近髀之竅俗謂胐臀亦作䯓上字从日月之月下字从肉

斐斐上敷尾切說文斐分別文也易曰君子豹變其文斐也今易作蔚廣韻斐大也又氏春秋晉有斐豹

卅卅上居偉切說文建首百卅總名下穌沓切說文三十并也俗以為卅字

旅 玈 上力舉切說文軍五百人爲旅从㫃从从从俱也博雅客也又書傳祭山曰旅案廣韻有旅字又別出祣字云祭山川名攷論語只作旅佗書亦無有作祣者此後人因祭祀而改字耳不可从俗作旅非 下洛乎切說文黑色也从玄旅省聲廣韻黑弓左傳僖二十八年王賜晉侯玈弓矢千又氏史記年表有玈疲（罷）師

岠 距 竝其呂切說文岠止也一曰搶也距雞距也今通作距（一曰超岠）

蘮蘮上居許切說文飤牛筐方曰筐圜曰蘮下彊魚切
又其呂切廣韻菜也今之苦蘮江東呼爲苦蕒
弆弆上羌舉居許二切廣韻藏也下詰利切古文棄字
寓寓上王榘切籀文字字見說文下牛具切說文寄也
栩栩丝況羽切說文栩柔也其實阜一曰樣樣音橡徐曰
阜斗謂之樣亦稟屬詩唐風集於苞栩廣韻殺栩
縣名在馮翊
頫覜上方榘切說文低頭也从頁逃省太史公書頫仰
字如此揚雄曰人面頫臣鉉等曰頫首者逃亡之

義故从逃省或作俛今俗作俯非是下佗弔切說文諸侯三年大相聘曰覜覜視也周禮春官典瑞覜聘又大宗伯殷覜曰視字从見不从頁俗皆以頫爲覜覜聘字趙子昂字孟頫多讀作覜音可怪也

撫橅

上芳武切說文作𢻹安也一曰循也下莫胡切與模同六書統曰出古漢書俗誤以爲撫字

庾瘐

上以主切說文庾水槽倉也一曰倉無屋者史記文帝紀發倉庾注在邑曰倉在野曰庾集韻囚以飢寒而死曰瘐漢書宣帝紀瘐死獄中蘇林曰病

窳窳

也因徒夊律名曰瘐

圭以主切說文窳污窬也朔方有窳渾縣玉篇器

中空也又惡也惰也史記貨殖傳以故呰窳徐廣

曰呰窳苟且嬾惰之謂毛詩正義引說文云窳嬾

也艸木皆自豎立惟瓜瓠之屬臥而不起似若嬾

人常臥室故字从宀案今本說文宀部無窳字諸

書誤以穴部之窳當之幸孔氏及見古本說文據

以采入司馬氏類篇亦分為二正字通乃以窳為

窳字之譌失之不攷

取取耴　上七庾切說文捕取也从又从耳字在又部中陟葉切音輒說文耳巫也从耳下巫象形春秋傳曰秦公子耴者其耳下巫故以爲名字在耳部又耴耳國名下魚乙切廣韻聲耴魚鳥狀也左思吴都賦魚鳥聱耴注䓊頡篇曰聱耴衆聲也

祖祖　上則古切下才與切說文祖始廟也祖事好也又類篇子邪切音嗟祖厲漢縣名上字从示下字从衣

㬝㬝[illegible]　上滴古切說文日無光也从日从𢆶徐鍇曰日

無亢則遠近皆同故从竝今通作普中佗計切說

文廢一偏下也从竝白聲字在竝部白亦自字今通作替下

七感切說文曾也从曰兟聲詩曰朁不畏明字在白部

今詩大雅作憯

棨綮竝康禮切說文棨傳信也韻會形如戟有旛書之

吏執以傳信又玉篇兵欄也漢書匈奴傳有衣之

戟曰棨師古曰呂赤黑繒爲之說文綮㧊繒也一

曰徽幟信也有齒玉篇戟衣也又集韻詰定切肎

綮肋肉結處也莊子養生主技經肎綮之未嘗

𦟝𥉻 上康禮切說文腓腸也又山海經無𦟝之國在長股東爲人無𦟝注𦟝肥腸也下苦系切說文省視也玉篇窺也

瘣廆 上胡罪切說文瘣病也詩曰譬彼瘣木今詩小雅作壞傳云壞瘣也謂傷病也一曰腫旁出玉篇廆𢉉廆也又集韻五賄切人名晉書載記遼東郡公慕容廆

紿詒 上徒亥切廣韻欺言詐見也穀梁傳僖元年惡公子之紿說文絲勞也下與之切說文相欺詒也一曰遺也廣韻又徒亥切

辨異 十

改攺上古亥切說文更也五經文字曰改从戊己之己

下養里切讀若巳說文毅攺大剛卯吕逐鬼魅也

剛卯見漢書王莽傳注从終巳之巳今涠用無别

采采上倉宰切說文捋取也从木从爪字在木部下蒲莧切

讀若辨說文建首辨取也番悉審釋等字从之

宷寀上倉宰切說文同地爲宷从宀从采爾雅釋詁寮宷也注官地爲宷同官爲寮亦作采下式荏切說

文審本字悉也知宷諦也字在釆宷部

紖𦀌上直引切說文牛系也禮少儀牛則執紖下余忍[illegible]

切說文引軸也詩秦風陰靷鋈續傳云所以引也
靷𩊓左傳僖二十八年注云在胷曰靷靷以皮約馬
胷而引車軸也又廣韻餘刃切

窘窘 上渠殞切說文迫也下渠云切說文羣居也

箘菌 注渠殞切說文箘簬也一曰博棊書禹貢惟箘
簵楛山海經注箘亦篠類中箭說文菌地蕈也

笋芊 上思尹切似筍字說文竹胎也下羊捸切說文艸之皇榮也亦
王䉵艸似呼艸木初生未萼而萼廣韻亦作華 詩華萼萼崇注此別艸木崇華之意名

壼
婉婉 上於遠切柔穎順也禮內則女子十年不出姆教

言

土

娩娩㝃嬔下芳萬切說文生子免身也从子从免

徐鍇曰說文無免字疑此从䠐省䠐字亦當从免聲

釋作嬎㝃以免身之義通用爲俛免之免晚冕之類皆

从晚省案今俗以娩爲免身字唐韻不用

惷蠢

上尺允切說文亂也春秋傳曰王室蠢蠢焉唐韻

蠢蠢擾動皃下丑江切說文愚也周禮秋官司刺

三赦曰蠢愚注生而癡騃與不識之義者同在三

赦之內二字不同

混溷

胡本切說文混豐流也一曰雜流下胡困切說文

衆也一曰小渦 雲從路從通又回字器鏽廣韻作渦而出者水劇也

本夲 上補衮切說文木下曰本从木一在其下徐鍇曰一記其處也本末朱皆同義下土刀切說文進趣也从大从十十猶兼十人也俗書以為本末之本

根狠 胡墾切廣韻下五還切說文吠鬥聲

苯笨 上補衮切廣韻苯䔿艸叢生也下蒲本切廣韻竹裏也廣韻晉書有羌裕四伯請亨太守史時以大肥為笨伯

短裋 上都管切說文有所長短以矢為正廣韻俗作不長也下常句切說文豎史布長襦從衣豆聲使衰

豎

十二

子孫豈不願禔禍不完或通用作禔禍

算筭

上蘇貫切說文數也廣韻物數（从竹从具讀若筭計也）儀禮古文筭皆作算

亦注算數也 下蘇貫切說文長六寸計歷數者从

竹从弄言常弄乃不誤也 世本黃帝時隸首作算

數本（兩字）兩字之畫合而為一亦通用（話言同）

款歀（歀）

上苦管切說文作欵意有所欲也从欠从窾省隸

变作款廣韻誠也叩也 又款識下烏開切說文些（中之當作注文款人從下向上皆歀从之持出示）

也一曰然也揚子方言欵醫然也南楚人凡言然

者皆曰欵或曰醫又陳芳當和志云今人鼎見

事之不通者亦曰欸又侯亥切欸乃湘中節歌者

唐元結作欸乃曲

暖䁔　工乃管切同暖又許元切車鬼莊子得名鬼者有

暖姝者言義云柔皃下沉袁切說文大目也昌黎

陸渾山火詩電光䃂磹頹目暖

纂篹　讀如一曰宗字也　作管切說文纂似組而赤漢書景帝記錦繡纂

亦組䏁如證大

組用蘇管切筥遵廣禮明堂位薦用玉豆雕篹讀收一回

竹木素荒

簡蕳　上古限切　說文牒也　釋名簡閒也　編之篇篇有閒
也　下古閒切　玉篇蘭也　詩鄭風方秉蕳兮　俗謬用
蕳為簡冊字

琖醆　並阻限切　說文琖玉爵也　夏曰琖　殷曰斝　周曰爵
禮明堂位爵用玉琖仍雕　釋文夏爵名　不用玉飾之
說文醆酒濁而微清也　集韻盞爵也　禮郊特牲醆酒涚
于清　注醆酒盎齊也　涚泲也

匾扁　並方典切　玉篇匾匾也　廣韻匾匾薄也　說文無之
署者曰匾（又不閒見字）从匸不从匸　說文扁署也　从户冊　户冊

表署門戶之文也會意今閻用字刹 俗畧字借翦爲剪有樹之扁

翦剪

上即淺切說文作𦑊羽生也一曰矢羽从羽歬聲

下說文作𠜂齊斷也从刀歬聲子善切

今作剪案說文𠜂後之歬今文已从刀作前下又从刀

廣韻以翦爲俗字而新之知干禄字書以剪爲翦

字之俗非也蓋史書以翦爲俗字假借翦爲之耳

辭辭辯

上符蹇切說文治也从言在辡之間字在辡部 方免切 左傳昭元年王曰吾敢辯焉注辯治也又辯訟字作辯

不古辯字王有大辯字从言中皮莧切說文致力

也玉篇具也史記項羽紀項梁常爲主辦漢書辦

從傳多〻。蓋亦下皮覓切。說文判也。廣韻別也（作辯）。禮學記離經辨志，注謂考詳其得失也。案从刀与从刀不同。刀取致力之義，刀取判別之義。廣韻以辦為辨字之俗，然說文辨辦各出，而又從上多同，亦字非俗字也。

雋儁㑺上徂兖切。說文肥肉也。从隹从弓。長沙有下雋縣。從圭。蒯通傳通論戰國時說士權變，亦自序其書凡八十一首，號曰雋永。注雋肥肉也，言其所說甘美而深長也。又姓。從弓為不類，俗作儁，又譌為

晉言說中子峻切廣韻知三子人曰雋左傳莊十年同雋
曰克丘義靭勝其師獲日雄雋者又卓特也二字音義無別
今字書通作雋非是下廣書切說文肉肥也即之
之子規鳥攜鸛字從从山又息委切越嶲郡名

卷捲

上居轉切說文郗曲也廣韻卷舒也又書卷捲韻可舒卷者曰
卷淪次者曰帙廣下巨圓切說文气勢也从手卷聲國語不
捲勇股肱之力史記孙子傳明新要緩計者不捲捲注捲即
拳也又捲之用力貌莊子讓王篇捲捲乎君之爲
人葆力之士也俗作手考韻箋曰俗作居轉切以

丙卷餘之卷卅五

膊膞　上市兗切說文切肉也博雅脯也下匹各切說文薄脯膊之屋上揚子方言朝鮮洌水之間凡暴肉及牛羊五臓謂之膊上字从専下字从尃

撰譔　上雛莞切具也撰說也廣韻述也定也又則也下山湯切言讃說文專教也廣韻善言

兎兔　上亡辯切度說止也黠也脫也去也下湯故切說文建首獸不敢陷佳隆曰兔从免字加一點似作爲非

朓朓 通 土了切 說文朔而月見東方謂之朒 晦而月見西方謂之朓 又人名 齊有謝朓 俗誤作謝眺 下土吊夜切 說文祭也 二字不同 上从日月之月 下从肉

婁○舀舀 上以沼切 說文抒臼也 按彼注此謂之舀 凡慆蹈等字从爪下臼 下戶韜切 言陷 說文小阱也 从人在臼上 舂地坎可臽人 今丢函窞 陷也 凡陷閻諂欿等字从之

曉曉 上許鳥切 說文曉明也 下曉白也 白也彦詭阿

皛皛 上平鳥讀切

肁肇肈 並治小切 說文肁始開也从戶从聿 臣鉉等曰聿者始也字在戶部 肇擊也从攴肈省聲字在攴部 書舜典肇十有二州 傳曰肇始也 爾雅釋詁謀也 說文肈上諱無解 臣鉉等曰後漢和帝名 又引李舟切韻云擊也 既肇兩字不應同義 韻會曰[illegible]肁

少少 上書沼切 說文不多也从小丿聲 徐鉉云丿音夭 又式照切 下它達切讀若撻 說文蹈也从反止字在止部 步字歲字从此

繞遶 並而沼切 說文繞纏也 廣韻遶圍遶 遶遶通用無別

犪犪注而沼切說文犪牛柔謹也廣韻牽也說文犪牛柔謹
也廣韻馴也廣雅犪而蘈嵩是此字蔡氏訓馴是
常時本判省从牛者乃從牛柔从手矣

藐邈上亡沼切詩王小也又孟子說大人則藐之鼓岐
注藐輕視也又下莫角切又亦作貌說文作邈遠
也楚辭騷經神高馳之邈邈又九章邈不可追也從
諸書藐非

杉衫
笛笛

勦勦注子小切勦說文作勦絶也从刀喿夏周書曰天
用勦絶其命說文勦勞也春秋傳曰安用勦民从

責

十七

撓橈 刀巢聲

上奴巧切說文擾也左傳朱十二年撓亂我同盟注乃卯反又乃教切義同從手列向讀字正不撓

下乃教切說文曲木考工記揉直且辵撓也又弱也易大過棟橈也如招切音饒楫橈也撓

卯丣

上莫飽切說文建也今通作卯說文建也卯事之制也从卩从彐京切卿字从此是另一字

下以九切說文建也酉古文作丣字閉門之形今通作酉六書正譌曰後人以丣字類非故以酉剝之酉乃古酒字象罇中有水與以酉

為邪誤於水旁作泒字凡醫梆等字誤者皆从邪
瑯琊等字今索者皆以從本自有別

古五 秒。

秒 注亡沼切說文秒禾標末也方言秒小也木細枝
謂之秒說文秒禾芒也春分而禾生夏至晷景可
度禾有秒秋分而秒定漢書敘傳產氣黃鐘造計
秒忽注秒禾芒忽蜘蛛網細者

稾稾 亦古老切說文禾稈也亦作稿俗作藁亦無字本 又書作稾也 高曰 又作稾 稾來字稿之本 史記屈原傳
屬草稾未定 又作 切說文 苦注木杆也廣韻作
稿

柁柂上　徒可切　玉篇正船木也　設于船尾　釋名舟尾曰

柁　柁拕也　後見柁弗也　且謝正船後所持不使戾

也　下弋支　余支切　音移　柂柂与柂　椴郭注　撑柂也　又辨木椴

爾雅釋木椵柂　釋文字林曰木似白楊一名柂

柂此字棣之名柂樹似白楊非舟樹此作

俗以為舟柁字譌

坷軻　注　廣韵　切　說文　坷坎坷也　凡人行不利曰坎坷軻

車接軸也　二字文意通用無別

鑽瑣　璅亦作　注　蘇果切　說文鎖門鍵也　瑣玉聲　[illegible]　又玉扃青瑣

說田似蒿門上日莫之對青瑣　月埠名曰夕郎

又瑣瑣小貌　二字注从貨　俗从巢誤　下子皓切　音早　說

文石之次玉者　俗以為瑣字非

叚段

上古雅切説文借也字彙又部解同之叚借之叚通作假 案説文叚借也假非是也古疋切一曰至也 虞書假于上下古額切分二義六書別 下徒玩切説文椎物也一曰分段也帛二曰綵帛而未丽曰匹既丽曰段从殳耑省聲字彙又部二字之體不木同俗多溷而爲一

壹

鮺鯗

上側下切説文藏魚也南方謂之魿北方謂之鮺从魚差省聲今通作鮓下息兩切廣韻乾魚腊也吳地記闔閭入海會風浪糧絶不得渡王拜禱見金色魚逼而來吳軍取食及歸會羣臣思海中所

九

仝魚所引云羣乾矣當作之甚美因書蠹蓋下逸
爲蠹字

○失字

○奘奘　註徂朗切揚子方言秦晉間人大謂之奘或謂之壯又云奘廣三蒼注師名因說文奘妄彊犬也

鏾襹　註所兩切因說文纚捕鱗也玉篇錢貫也從金作貸
志若擬子第廣韻云從作鏾說文纚負兒衣如埠
華博物志纚褷縷爲之廣八寸長二尺上約兩足
下背上字从衣從誤以纚爲纚負字

幌幌　註明廣切玉篇幌幔幔也
幌說文作幌所以支荒一日屏風
玉篇幌讒書幌也

吴翌鳳《字學九辨》稿鈔本　四八〇

殷餿工衣占合卿反也

十命文繙村提之屬左思吳都賦序梡對橫更華注檴門窗屬之直名繙鋌回別作㮛非是又玉篇㮛榿疊楙也

㚔𡴘羍上胡耿切說文作𡴘吉而免凶也从屰从夭夭死之事也故死謂之不𡴘字在夭部上又作㚔㗐設師古曰㚔者所以驚人也故福善多從之㚔在中字未切說文建首作羍小羊也讀若達玉篇生也詩載穉先生如達釋文部云羊子也下他軼切說文建首讀若爾盤圉報藉睪執等字從此

言

廿

穎潁註余頃切說文穎禾末也从禾頃聲詩曰禾穎穟穟字从禾潁水出潁川陽城乾山東入淮从水頃聲豫州浸字从水後多不辨又别出頴字益謬

瘿癭註於郢切說文癭頸瘤也癭安止也漢書地理志鉅鹿郡癭陶縣

涬涬註下頂切韻會溟涬大水皃一曰混茫皃又莊子在宥篇大同乎溟涬注自然氣也集韻涬亦寒也

灸炙上舉友切說文灼也毛晃曰灼體療病也下之石切說炙建之炮肉也从肉在火上又之夜切

賓賓上房九切說文情也从人守貝有所情也一曰受

貸不償又廣韻儐也荷也下莫回切海神名又与偝同儐

尾山不从作賓尾上从力与賓字異○案从竹之

字月令王蓍生字从負房九切山海經蓍山誤蓍

蓍陽字从賓誤音須蓍賓二字不同之譌

庸

臼臼

臼上其九切說文建首作臼舂也今省作臼下居玉

切說文建首叉手也玉篇曰古文掬字與輿農晨

費莠字誤从此

受受上殖酉切廣韻容納也承也盛也下考等切廣韻

黃

廿

姓也出河内与从又未不同俗以為寛受字

黈黈 上它口切 徐鍇繫傳字林云黈充耳也 廣韻見前

纊也漢書東方朔傳黈纊充耳所以塞聰注以黄

綿為圜用組懸之于冕垂兩耳旁示不外聽也下

广圭切說文鮮明黄也 字在黄部

毋

苟苟 上古厚切說文作茍艸也玉篇又苟且从艸从句

从口下已力切說文作茍自急敕也玉篇急也亦

作亟从羊省从包省从口敬字从此

去互

庮㾌 上与久切說文久屋朽木也周禮天官内饔牛夜

則脣鄭司農曰脣猶末奥也又以周切義同下以

周切博雅痛也〇字書痛字無訓末奥誤

毋毋毋 上莫厚切廣韻父母說文牧也从女象懷子形一曰

象乳子形中（女字古郎）武夫切說文毋止之也下古凡切說（又毋將複氏）

文毌穿物持之也毌貫字从毌亦同毌古玩切（又毋丘複氏）

叩叩 並莫后切玉篇叩聲也~~集韻以[illegible][illegible]者也~~（又[illegible]曰叩呴）說文鄮

京兆藍田鄉（上字从卩下字从邑）

糾紏 上居黝切說文繩三合也通俗文曰合繩為糾廣

韻繚也戾也俗又作糺下它口切斢篇黃色絲玉

篇作朕與眹同

𦙍眹　上直稔切說文作𦨈我也从舟从灷今文作朕亦

正釋詁注古者貴賤皆自稱朕疏云秦始皇二十

六年始爲至尊之稱下直引切說文目精也從

目童子从目灷聲瞽爲目兆也佩觽曰吉凶形兆

謂之眹字从目今二譌从月

廩稟　上力甚切說文亩字重文[illegible]亩也下筆錦切說文

賜穀也从亩从禾徐鉉曰公亩賜之也增韻借爲

給也禮中庸既稟稱事歐陽氏曰古者給人以食

取之餘稾故曰既稾毛氏曰俗以白事為稟古無俗作稟
此文稟隸變未為示譌加于此

歜歜歜上說文尺玉切盛气怒也六書音義此又廣韻祖感
切左傳僖三十一年有昌歜杜注昌蒲葅正義周
禮醢人朝事之豆其實有昌本鄭康成曰昌本昌蒲
根切之四寸為葅知昌歜即是昌蒲葅也中說文
竹角切去陰之刑也書曰刖劓斀黥之去其刑作
椓下徒谷切猶字之俗

檢撿上居奄切說文書署也徐鍇曰書函之蓋三刻其

上縺縺之無從據以定其上而印之也又廣

韻栓校也下丁丹切說文拔也又亦玉篇字同也

注栓樣範也所出必同

陝陝

上失冉切說文弘農縣也字从兩入下侯夾切隘

並從說文隘也字从兩人俗作峽兩字俱絕不同

音亦各異今人以陝爲陝以峽爲陝是不知之甚

矣

广厂厂

並說文建其上魚掩切讀若儼因由广而爲廣庶府

廛廛庭廟廈廁庞庠著字从之中呼旱切山石之崖

茫芘

巖厓底，蒼字从之，籀文作厈。下，魚羈切，讀若扼車也。虒字从之。

掩揜　註衣檢切。上說文斂也，小上曰掩。下說文自關而東謂取曰揜，一曰覆也，亦通用，亦別。

贛

貢贛　註古送切。上說文獻功也。下說文賜也，廣韻註同。孔子弟子子贛，名賜，亦作貢，蓋以贛爲古貢字，故賜義不用。

湅

湅湅　上陸郎切，見周禮韻。下郎甸切，用禮考工記㡛氏。說文涑出者始出乎河也，玉篇涑涑沽浣，見宋史天文志，書涑

贊

步

湅注浣水文天官㡛人注四出㡛直不湅治也

楝棟 上多貢切說文極也尔正釋宫棟謂之桴郭注屋檼因棟即屋脊也下郎電切說文木也廣韻二十四番花信風終于楝花風似讀同柬誤

甕罋注烏貢切說文甕罌也罋汲缾也一作甕之与甕

通用無别

寘寘 上支義切說文置也廣韻止也庋也下待季切說文塞也玉篇古填字

剌刺 上七賜切說文君殺大夫曰刺刺直傷也从刀朿

朿束 注說文字見上七賜切木芒也下書玉切縛也

朿朿二聲（字在刀部）又釋名書姓名于奏白曰刺又廣韻以鍼黹物曰刺下盧達切說文戾也从束从刀刀者剌〻也徐鍇曰剌乖違也束而乖違者莫若刀也（字在束部）漢書杜欽傳言乖剌之心又武五子傳李姓吏乖剌王旦降右曰讙注晉灼言親曰戾說（刺）會云从伯束之束与剌字不同今俗多不辨

庛疵上七賜切玉篇耕具也周禮考工記車人爲耒庛長尺有一寸鄭康成曰庛耒下前曲接耜耒下從疾切說文病也

𠨘邲 上說文兵媚切，宰之也，从卩必聲。下說文毗必切，晉邑也，从邑必聲。春秋傳曰：晉楚戰于邲。廣韻兵媚切，兒之譌因之。

饋餽 注求位切。說文：饋，餉也，从食貴聲。禮天官膳夫掌王之饋，注：進食于尊曰饋。說文：吳人謂祭曰餽，从食从鬼，鬼亦聲。廣韻饋同之。

通用

簣蕢 注求位切。廣韻：簣，土籠。說文：蕢，艸器也，古文作臾，象形。論語曰：有荷臾而過孔氏之門。今本論語作蕢。

萑雈 注力玉切。廣韻：萑，蓷也。廣韻：雈，雈之亦聲，司馬也。

如上林賦「涖〻下瀨」作[illegible]，亦同往。

疐（疐）疐　上陟利切，廣韻：礙不行也，又都計切。詩曰：載疐其尾。（案：都計切，廣韻：疐，柢也，出字林，李善曰：疐足之[illegible]，柢也。）疌　下子葉切，說文：疌〻，走也。詩鄭風：不寁故也。毛傳：寁，速。故曰也。

諡諡　上神至切。說文：行之迹（迹）也。（从言、兮、皿，闕。徐鍇曰：兮，聲也。）示[illegible]釋詁：諸人之精英，誄列其行而作之也。（或省作謚）下伊昔切。說文：笑皃。正字通（上字从言从皿从益）曰：假用為誄行之謚，非。廣韻：諡同謚。諡（案：古今文字，諡謚二字，説者利及。王說文下字，林字林以謚為笑矣。古人言呼謚，廣韻亦用上字，唐玄度九經字樣[illegible]有之，乃依經字改。从兮从皿者之證，从益者爲誤矣。）

次㳄　上七四切。說文：不前也，不精也。（古文）从二，二亦聲。在欠。𣲼　廣韻：次第也。下敘連切。說文：慕欲口液也。亦作涎。（之本致）

白白上疾二切說文建首作白兩肩生華上自字也皆魯者智百等字從此下旁陌切說文建首作白有本生華西方色也又姓暗諧泉皙習字從此餘詳雜字

畀畀上必至切說文相付與之約在閣上也字在丌部下記切說文舉也妻好詩曰畀人或以广隱於人畀之黄顛說广車隱於人而畀之字在艸部今通作畀非是

痹痹上必至切說文溼病也下府移切亦王稱鳥鵯鶋其𩿪鵯㗑稱文鵯又及郭音卑

悴顇上秦醉切說文悴憂也[illegible]又顇顦顇也一

互心部一互頁部未各兩字

絜緊 上烏接切說文㵥䋁也下女奚切說文絜緼也一

曰㵥絜易曰需有衣絮之易作袽

鶩鶩 上亡遇切說文舒鳧也下莫卜切說文舒鳧也亦

雅注鴨也方氏曰以爲人所畜不甚飛舒而不

疾故曰舒鳧周禮春官大宗伯庶人執鶩注鶩取

其不飛遷廣韻云亦通作鶩今鶩用之非是

互亘亙 上胡誤切說文作笪可以收繩也从竹象形中

象人手所推握也或省竹作互今从或省又交互

壹

花

說文作亘亦審

中~~淮淮也讀若寰~~亦亘也从二从囘囘古文回

象亘回形上下所求物也徐鍇曰回風回轉所以宣

陰陽也息緣切讀若宣宣字在宀部今文从日作亘又与

桓同在木部讀胡官音詳亍从木从亘素室讀為亘是

學者亘遏亘篆書而假同亘是素了亂是亦事反

誤以為亘直大字不知亘大字本作直大鄧切說文

本作植亘乃植字古文竟也象舟竟兩岸也从二

从舟舟字在舟部今作亙从月月即舟字

庫庫

審審上常切

第第第第

遞邌 註特計切上 說文更易也 廣韻代也 又肆遞 下說文徐也 玉篇追邌也 今通用爲別

䒤羿 說文註五計切 四羿 帝嚳䠶官 夏少康滅之 論語曰羿 善射 字在弓部 羿 羽之羿風亦古諸侯也 一曰射師 庚 韻曰從羽 旌氏羿氏 按註五經文字云羿隸省作 羿 今通用此字 又合䒤羿爲一人

系糸 註說文違兮 上胡計切 繫也 下莫狄切 細絲也 偏旁在右者都从系 在左者都从糸 說文系糸各自爲部 玉篇曰 後之字書合爲一部而偏傍淆紊矣

美

廿八

[illegible][illegible] 上古文從字說文反籀而匿 下[illegible]字說文從[illegible][illegible]是籀俗二正

戾戾 上郎計切說文曲也从犬出戶下戾者身曲戾也 字在犬部 下徒蓋切說文輜車旁推戶也讀與軑同 字在戶部

[illegible]橇 上楚税切廣韻重樓也 下起嚣切史記夏本紀泥行乘橇徐廣曰橇形如船而短小兩頭微起人曲一腳泥上擿進用拾泥上之物

[illegible]罽 居例切說文罽西胡毳布也罽魚网也[illegible]相承 廣韻[illegible]罽同罽[illegible]

通用無別而魚网之義遂亡

襘襘　説古外切　説文　襘　會福祭也　周禮曰　襘之祝號　襘

又襘周禮古文也說　襘注除殃祟曰　一一刑劃去　都宗言曰襘之　檜從說文

常面結也　左昭傳曰　衣有襘　帶有結　昭十一年左傳

注曰　襘　領會也

最冣　上祖外切　説文　犯而取也　从冃从取　字在冃部　廣韻　極

也　下才句切　説文　積也　从冖从取　字在冖部　慈秋切　詳鍇曰

古以聚物之聚爲冣　上必有聚　冖　冣之也　今從作

最　誤　冣　玉篇曰　冣　聚也　顔氏家訓　都用淫之祠昌

字又云　祖會反　皆亦誤作最矣

~~沫沫　上莫貝切　補乞衣　部　沫沫之　絲吳文　馬　非曰~~

走

先

中見沬薛氏曰斗之輔星又莫内切說文洒面也

頮月中莫貴切說文水出蜀西徼外東南入江

頮沬

○派派上 匹賣切說文別水也从水从𠂢𠂢亦聲派水起原

廣韻自派字說

門後人成夫山東水入海之假派作派与派殊之

𠂢音別

酹酹上郎外切說文餟祭也廣韻以酒沃地下從酹字

祋祋上丁外切說文殳也或說城郭市里高懸羊皮有

不當入而欲入者暫下以驚牛馬曰祋故从示从殳

詩曰何戈與祋之詩讀作丁活切下毒朱切數篇與

祩同

賣賣 上莫懈切說文作𧶠出貨物也从出从网从貝字正

出部下余六切說文作𧷏衒也从貝从𦮃聲在部讀睦

等俗書字从之

粺稗 蒲卦切說文粺穀也廣韻精米詩大雅彼疏斯

粺正義~~米率粟五十糲米三十粺二十~~米之率糲十粺九鑿八侍御七

~~七鑿米二十四御米二十一又鑿米王粟米為糲~~說文稗禾

別也琅邪有稗縣庄句稗草不熟孟子不如荑稗

泯泳

是

冊

~~畐 甘釋切說文衍字從十由極也俗作鈕由極即蓫~~

~~俗作畐 中八律逮切玉篇古文也~~

（從用書者即塊字）

妹妺 上莫佩切說文女弟也下莫撥切莊子天旦蒿墨（又邑名書明大命于妹邦）

妹不仁又妺嬉（[illegible]妃）俗語作妹嬉

沫沬 上莫佩切廣韻亦名詩沬之鄉矣（鄘風）与妹同又微明

也易豐卦日中見沬又莫内切說文洒面也下莫

曷切說文水出蜀西徼外東南入江又浮沫也

頮頯 上荒内切說文作沬洒面也古文作湏亦作頮上

作靧顏頮下渠追切說文權也莊子大宗師篇其

帶帶　上當蓋切帶方山不一曰郡名后出之

字彙英辭類注頹大樸皃

凷由　上苦對切說文墤也从土一屈象形又禮寶苦而

枕凷下側持切說文建是之作甾缶与玉篇岙廬

字从此

耒耒　上盧對切作上註上讀說文建是作耒手耕曲木也又水

右下落蔽切謹案萊款來麥知多少也餘詳白

耒來二字不同

慨嘅　上苦蓋切說文忼慨壯士不得志也嘅歎也詩曰嘅

其歎矣今二字通用之之別又該作上聲

矣

也

居廢

欬嗽 苦蓋切 說文屰气也 玉篇上欶也 礼月令國多風
欬又〇〇聲（注同合改欬㱿）欬下广素切 說文小兒笑也 史記
扁鵲傳曾不可以告咳嬰之兒 注咳嬰謂嬰兒初
知笑者咳 或以為欬欶字

肺肺 方廢切 說文金藏也 又普蓋切 廣韻茂皃 詩陳風
東門之楊其葉肺肺 傳云茂皃 釋文普貝反 下壯
仕切 說文食所遺也 玉篇脯有骨也 博雅 胏脯也

左右

〇弟第第第 弟特計切 說文韋束之次第也 廣韻曰
今為兄弟字 亦正 釋親 男子先生為兄 後生為弟

之次第之義今次第之第通作第之特計切史記注且也但也又注書賜大第孟康曰有甲乙次第故曰第也按此則第宅之二書作第苐曰綦切集韻作苐艸名散篇艸木初生見苐莊咒切玉篇牀簀也揚子方言牀陳楚之間謂之苐

鄉 䣈

上莫蒲時切說文故商國自河南朝歌以南是也詩鄉風小序武王克商分朝歌而北謂之鄉下分蒲切玉篇古文鄁字廣韻州名說文作䣈

振 賑

註章刃切說文賑富也爾正釋文注很殷賑富[illegible]疏

云賑富財也張衡西京賦鄉邑殷賑說文振舉救
也从手辰聲禮月令振乏絕（史記平準書振貧民又其議以賑）
（是賑訓富賑振訓舉救截然兩字之俗作賑）
振舊作振者誤

囟 𦥒

注說文建首上息晉切魏校曰顖門也𦥒字从
此下楚江切與窗同

刃 刅

此上而振切說文建首刃堅也劍字从此亦作刅非
下楚良切說文傷也从刃从一徐曰一刀所傷指
事也梁粱等字从此

播縉注即刃切上說文插也播紳亦史皆作搢紳廣韻搢紳之士搢笏而垂紳下說文帛赤色也春秋傳曰縉雲氏禮有縉緣

佝徇注辭閏切說文徇疾也亦旬以身從物書伊訓徇于貨色廣韻徇自衒衒行也（旁注：徇自衒不行；今通用徇字）

眣眣上舒閏切玉篇目動也以目通指也公羊傳文七年眣晉大夫使與公盟疏云其用目眡之而首夬向名下丑栗切說文目不正也

劵券上去願切說文契也（旁注：作券）从刀𢍏聲券別之書以刀判

劵券

契其窮故曰契券券字在刀部下渠卷切說文勞也徐鍇曰今俗作倦義同案二字不同一从刀一从力似當以从力者爲契券字倦勞義不用○案說文力部劵人部倦音義並同宜今倦爲劵字章文不必分爲二

萬

販芳萬切廣韻本音千萬切看字排在萬眼切也

白目目白眼今音萬而也

販眅

上芳萬切說文買賤賣貴者下普班切說文多白眼也春秋傳曰鄭游眅字子明夫目侵䁶眅之眅䁶

萬蠆 上无販切說文作𧖅蟲也从厹象形古貝鄙俗字 五鎋切說文艸也又姓漢書游俠傳有萬章字子夏

萬石萬段卿

歎嘆 並他案切說文歎吟也嘆吞歎也从口歎省聲一曰太息也亦通用無別

按案 並烏旰切說文按下也廣韻抑也止也說文案几屬 廣韻又察行也考也驗也亦作按非

幹榦斡 上古案切說文榦築牆耑木也廣韻莖幹強也亦通月令

註幹者莖之本也號之莖之材樸渾沌之幹又河

普

干切說文井上有闌也其形四角或八角又謂之

銀牀（作汲水中古筆也）說文[circled]等精為木也廣韻積韓下烏括切說

文舝輌也轄檀杜陵說皆以為軎車轄字[circled][illegible]

[circled]捞韻轄也筆也○說文惠轄字下從聲曰別作

轄非然玉篇廣韻皆重出兩字故亦从說文

忨

琓䮝

說云換切上說文[circled]弄也或从貝作貦[circled]習猒也並（中說文今見於玉篇為愛也）

好侍曰琓步而愒日字生（習部）[illegible]作琓（萬說文怔[illegible]义生義相而引傳以同[circled]當作一字）（又鼓有傳忨歲之年左傳曰之年作玩歲）（愒日言語作㵼日）

彖彖

上通貫切說文作彖豕走也易彖象之彖用此字

下羊至切說文逮也作[illegible]從彖聲諸書常兩字不同

泮泮 鋪語半切上說文諸侯鄉射之宮西南為水東北為牆詩魯頌思樂泮水箋曰泮之言半也半水者蓋東西門以南通水北無也廣韻泮冰散也風俗通水濟曰澗水朝曰泮字亦作頖或从水說

宴晏 上烏諫切說文天清也从日安聲字在日部玉篇晚也又宴下於甸切說文安也从宀晏聲字在宀部又宴樂左傳宣六年宴有折俎公當享曰不脫屨升堂曰宴

慢嫚 謨晏切說文惰也一曰不畏也廣韻怠也倨也牛子曰慢殺悖也說文嫚侮易也左傳昭二十年其

之僭嫚于鬼神 從穀 溝汚也

宦宧 上胡慣切 説文 仕也 左傳云宦三年

宧 下与之切 説文 養也 室之東北隅 食所居 宧也 从宀頤聲

釋宫 室東北隅謂之宧 宧亦養也 東北陽氣始起 育養萬物故曰宧

丱卝 上古患切 詩云 總角丱兮 毛傳 總角兩髻也 丱

幼稚也 集注 丱兩角貌 下合猛切 説文 礦 古文作

卝 周礼 卝人 注 卝之言礦也 廣韻 金玉未成

器曰鑛 字書 今丱卝為一 非是

串丳 上古患切 与慣同 狎習也 ……詩 …用布 …串

文賦註布与親狎之人也又雅眷切相去無也說
司馬遷傳無穿結傳即無畢也下楚限切廣韻炙
肉花韡詩如以肉無畢僻用爲親串字

盼盻眄上匹莧切攀去聲說文引詩美目盼兮从目从
分玉篇目黑白分明也中胡計切說文恨視皃从
目从兮孟子使民盻盻然下莫甸切說文目徧合
也一曰衺視也俗于此三字多混而不分

硯研上五甸切說文石滑也釋名硯研也研墨使和濡
也廣韻筆硯下五堅切說文䃺也二字義實從从

丏 丐 上莫甸切說文[illegible]不見也 下古太切匄字之俗

薦 荐 研西硯小 鋸查向切上說文作薦獸之所食艸从廌字查 又周禮籩人薦羞之事注未食未飲曰薦既食既飲曰羞又韻會達無下說文薦蓆（六書正譌云）也玉篇重也再也廣韻仍也仍作洊小

禪 襌 上時戰切說文祭天也又廣韻禪讓傳受也下多寒切說文衣不重前師古曰襌衣若今之朝服中襌也

襢 襢 上時戰切禪同說文[illegible]衣王后受襢禮下

徒旱切 襢同 說文裼也 詩鄭風 襢裼暴虎 袒傳云
襢裼肉袒也

這這 上魚變切 玉篇迎也 毛晃曰凡稱此箇爲者箇 俗
多改用這字 下徒旱切 說文籀文誕字

抃忭 註皮變切 說文拚（作拚）拊手也 魏志文帝紀羣不舞抃又彈指而歌舞
（心部）廣韻忭喜皃

羨羡 上似面切 說文貪欲也 从次从羑省 羑文王所拘
羑里字（欠部） 左下以脂切 說垂江長貌 涉羨字从次从
羊與羨字意俗多不辨

意

羌

郘郘 詳寅與切 上說文晉邑也从邑从召 二作召 下說

文高也从卩从召 年高往卲之卲即此字

校校 佩觿曰校古效反比校 校户教反校尉 又易爲校

減年以說文張氏釋文知也 五經文字皆作木爪

〇案說文有校無校 校从佩觿承誤之

孝孝孝 上呼教切說文善事父母者从老省从子 子承

教 老也 中古肴切說文效也 上 从子从攴 俗教效也 下加考切之言

佩觿曰𡥈 孝 𡥈也與孝字不同 教字从孝

更

竆竆 上巨兒切說文窮也 周禮窮地曰竆 廣韻作竆起

礦二大也窮同下力救切廣韻仙名古傳曰（咸二年）乚石
窮俗通作窮○窮从寅非之非窮从申兩之非非
卝卵字非古丙字左字右白

淖潮 上奴教切說文作淖泥也下直遙切說文潮[illegible]見
水朝宗于海从水朝省畫館著曰潮是不省

導䆃 註徒到切說文導引也从寸道聲䆃禾也丁馬切
如曰䆃一莖六穗

暴暴 註薄報切說文暴疾有所趣也从日从夲（笙）卅之字
夲部廣韻晞也急也（俗作暴）說文暴晞也从日从出从収从

弎

世

米俗作㬅亦作㬤 [illegible]

秏耗 上呼到切 說文稻屬 伊尹曰飯之美者玄山之禾 南海之秏 廣韻減也 俗作耗 从下宅加切 說文二秭爲秅 周禮曰二百四十斤爲秉 四秉曰筥 十筥曰稯 十稯曰秅 四百秉爲一秅

左旁 庫庫 上苦故切 說文兵車藏也 从車在广下 廣韻貯物舍 下[illegible]在[illegible]廣韻姓也 [illegible]有陵[illegible]書[illegible]太守庫鈞

跨胯 上苦化切 說文跨渡也 廣韻越也 下苦故切 說文胯股也 廣

説爲股間也史記淮陰侯傳不能死出我胯下注

股也

㯖樣 上丑亮切廣韻式也説文樣栩實也（㯖下徐兩切）工字从手下字从木從羕不誤

瘬脹 註知亮切玉篇瘬滿也亦作脹廣韻脹滿瘬同

注此是其急就篇疢瘧瘻瘲瘛癉痛注瘬四体強

急也与脹不同脹字作脹左傳成十六年張如廁

是也

唱倡 上尺亮切説文導也下昌羊切説文樂也玉篇

光

又言唱和曰一倡而三歎

朢望 註年放切上聲朢之朢說文月滿與日相朢以朝君也从月从臣从壬壬朝廷也字在壬部下亦望之望說文出亡在外望其還也从亡朢省聲字在亡部俗多不辨

聖圣 上式正切說文通也从耳呈聲字在耳部書曰睿作聖孔氏傳曰于事無不通謂之聖風俗通聖者聲也言聞聲知情故曰聖下玉篇口骨切汲滑之閒言致力於地也怪字从圣从聖字或体

聘娉　並匹正切　説文聘訪也　又玉篇礼云諸侯使大夫問于諸侯曰聘　娉説文娉問也　玉篇娶也　亦通作聘

晟晟　上承正切　説文明也　唐將李晟　又大晟宋樂名　下时征切　説文飯窒也　上字从日　下字从曰　混多不辨

聽听　上它定切　説文聆也　下銀上聲　笑皃　相如賦亡是公听然而笑　俗以爲聽字或體

究宄　上居又切　説文窮也　下居洧切　説文姦也　外爲盜　內爲宄

胄冑　並直佑切　上説文系也　廣韻胄子國子也　字从肉

[illegible]

[illegible]

下說文皃髮也字从同從彡不辨俗謂白胄子為

甲胄世書承古如此者

皺縐

頲側救切上玉篇面皺也下說文絺之縐也詩曰

蒙彼縐絺一曰蹴也廣韻亦不伸

瘦廋

瘦廋叟

上所又切說文臞也淮南子使羿刊者瘦臞薾

瘦里下所鳩切搜于方言隱也注謂隱匿也又玉篇

晉陸有秦宓廋歌手 相從廣陰也 [illegible]隱伏謂說 之之兩手相也

隱也

臭具の形近之

戊戉

上莫候切說文建其十幹之中也釋名物皆茂盛

如下王伐切說文建其大斧也从戈从𠄌𠄌說文鉤識也

戚字从此从金作鏚皆人所加

楙椒 註莫候切說文楙木葉也椒文枆

僭僣 上子念切說文假也廣韻擬也下它結切謹案鐵

僣脫誤謂也細觀曰俗以僣脫之僣而蹈僭之僭

非是

入聲

穀穀 註古祿切上說文穀續也百穀之總名下說文稑也

六經正誤云禾穀之穀與穀楮之穀不同禾穀之

穀从禾从殸穀楮之穀从木从殸

2

谷谷 上古祿切說文[illegible]玉篇水注谿也下其虐切說文達其口上阿也廣韻笑皃御郤谻字從此

經文通作噱

斛斛 上胡谷切說文十斗也下渠幽切說文作觓角皃詩曰兕觥其觓今本以上作觩与斛同半俗角上曲皃

涑涑 上桑谷切水出河東聞喜縣左傳成十三年伐我涑川又後漢書達人莊均涑水又一說以手曰涑以足曰澣下即葉切說文[illegible]雨[illegible]皃

沐沭 上莫卜切說文濯髮也下食聿切說文水出青州浸周禮夏官職方氏其浸沂沭又一說志沭陽縣屬淮安府

屋

朴樸　注　匹角切　說文　朴木皮也　樸木素也　徐鍇曰　土曰坏木曰樸　又凡物未成者皆謂之樸　又質也　又博木切　音卜（音撲）　廣韻　棫樸叢木（又音僕）　樸樕小木也

福福　上　方六切　說文　祐也　下　廣韻　敷救切　亦一福　安釋重案　侍郵福　音富　師古曰　福音副　其字从衣　俗作史記　誤作福

伏伏　上　房六切　說文　司也　从人　从犬　徐鍇等曰　司之也　又作閔　下　结蓋切　支　仲文字鏗曰　伏與伏字不同　伏音大　地名　在海中　从山　此字佩觿說同

縮𦅽 所六切 說文縮亂也一曰蹴也 文字音義縮鳥 [爾雅釋詁注縮收聚也又亦斂也 古者繩縮 縮也 其綴縮 縮結也]

鶌鳩其尾常縮在腹下也 說縮息也 禮玉藻舉

前曳踵縮縮如也

戮僇 上力竹切 說文戮殺也 上力救切 說文僇癡行僇僇

也一曰且也又力竹切辱也

蘜蘜鞠蘜 居六切 說文蘜治牆也 爾雅蘜治牆 郭璞注

今之秋華菊也 說文蘜日精也似秋華 通作菊

說文𥷚窮理罪人也从㚔从人从言竹聲 字亦作𥷚 㚔部

通作鞠 說文鞠蹋鞠也

吴翌鳳《字學九辨》稿鈔本 五二六

毒毐 上 徒沃切 說文作毒 厚也 害人之艸 往往而生 从屮从毒 字互屮部 下 烏亥切 說文 人無行也 从士从毋 中今楷切字兼混 昭曰 毒之毐之从生从毋 假作二字 毒誤 賈侍中說 秦始皇母與嫪毐淫 坐誅 故世罵淫曰嫪毐 閔氏曰 當是毒 誅後始作毐行解 不然 豈有以毐行命名者

玉玊 上 魚欲切 說文 石之美者 下 息六切 朽玉也 陸 漢書有玊況 又另玉複姓 辛梧注 讀音肅

頊頲 上 許玉切 說文 頭頊頊謹皃 又顓頊 帝高陽氏號 下 它頂切 同頲 玄髮直也

瑴瑴 工木岳切 与珏同 从玉从㱿 下志岳切 廣韻 土瑴

从土从㱿

漢書武帝紀即位此時黃白盈長琁璣窩同異如意珍寶為十 瑴為新也

榷搉 上古岳切 說文水上横木所以渡者也 下苦角切

說文敲擊也 廣韻揚搉 又商搉 搉揚之 揚搉 都凡

也 徐鍇說文注言人得粗略而舉之曰揚搉

駁駮 註北角切 說文駁馬色不純 爾雅釋畜 駵白駁 詩

豳風皇駁其馬 又似虎 乾為駁 雲開而駁 四

廣韻六駮 獸名 山海經中曲山有獸如馬而身黑

二尾一角 虎牙爪 音如鼓 名曰駮 食虎豹 可以禦

原文——改正曰駿正案初設有封駿司駿駿說玉

文篇兮兮二十從字樣曰字書通用（今無一字）用非

朴樸

實寔 上神質切說文富也从宀从貫貫貨貝也廣韻誠也滿也從白告之對也又物成實也 下丞質切說文止也徐鍇曰寔之言止也此也是也俗通用

實字

厀郗 上息七切說文脛頭卪也从卪桼聲徐鍇曰今俗作膝人之節也 下郗吉切音七說文邑名字从邑希聲

字不同

貴

六

桼 漆 親吉切說文桼木汁可以髹物从木象形桼如
水滴而下也經典通用漆說文漆水出右扶風杜
陵岐山東入渭一曰入洛

匹 疋 譬吉切說文四丈也字在匸部六書正譌曰四丈則
八端故从八从匸象束帛形又廣韻配也合也又
馬曰匹俗作疋不疋所葅切說文足也作疋是也古
文以為詩大雅字五下切韻會曰古文詩大小雅
亦雅本作疋今文從作雅而疋字但音匹矣

吉 吉 居質切說文善也六書正譌曰吉从士

从口非从土也从土之字音硅苦角切重案字當另出字

吐

吒吒上昌桌切說文吼也毛晃曰从口从七中大跨切廣韻開口見齒之貌以兩吒字下陟駕切說文噴也叱嗟也从口毛聲

乙

乙乙上於筆切說文建首作乚乃甲象人頸乾亢亂字从此下烏轄切說文建首乃鳥也孔乳字从此重文作乳許鉉曰此与甲乙之乙相類其形舉首下曲与甲乙字少異

異

五四

筆𦘒上部密切說文建秦謂之筆吳謂曰不律燕之筆
所以書也楚謂之聿从聿竹

下𦘒揪切古筆字義見上款似多以筆為筆

朮术朮上居聿切說文秫重文省禾作朮稷之黏者

中莫活切說文建首艸木盛朮朮然象形八聲南

𣎵𣎵之作𣏍字𣏍之作蘭字蘭之作䕫字从此下匹刃切

說文建首分枲莖皮也枲麻𣝗散等字从之書說

文朮朮又自為部之字書并入朮部非

戉戊上辛聿切說文建首从戊含一廣韻居名下俗用

切說文守道也从筆从人

紱韍𩋞　韍 分勿切 博雅紱……說文市字重文 上

韠也 說文 ……玉篇……師古曰……

徐鍇曰俗作紱非 下 說文黹部黻黑與青相次文 亦玉篇黼黻彰也 鄭注黼文如斧 黻文如兩己相背

（市建……字古文）

市芾 上 分勿切 說文韠也 上古衣蔽前而已 市以象之 天子朱市 諸侯赤市 大夫葱衡 从巾象連帶之形 下 方味切 蔽芾小皃 又分物切 廣韻艸木盛也 經典亦通作市

祓祓 上 敷勿切 說文除惡祭也 又潔也 周禮春官女巫

學字時禊除疊見注禊除如之三月上巳如水上之類下郎來切音賴說文無吏所立又玉篇藾郝方揚子方言藾郝江淮之間謂之禊謂之祓

不不
吃喫
上居乙切說文言蹇難也史記韓非傳吃周昌傳為人口吃下苦擊切說文食也俗多[illegible]

筏栰茷
上房越切說文作橃海中大船玉註若曰俗別作筏非也用別律揚子方言附謂之筏郭璞曰木曰簰竹曰筏小筏曰附下蒲蓋切詩芾棠茷茷注揚也詩商頌其旗茷茷又說文符廢切草葉多

蠮螉上許竭切說文蒲盧細要土蜂也下
切音切說文螉蝓也一名土蜂
蒲盧螉蠮又蠮螉注本草
也

曰日 註說文達乙上王伐切詞也一口从一本作㫚乚
文作曰左上闕下莫到切蒙也冒最冐冒等字从
此冡曰當別立部之字書竝の入日部非

沒殁 註莫勃切說文沒沈也殁未作殁童文作殁終也
之通用無別

汩汨 上古忽切廣韻汩沒又莫狄切說文長沙汨羅淵
屈原之所沈从水从冥省下于筆切說文治水也
又水部泉水流也之通作汩隸文汩之字無来
俗讀作古忽切誤

不不 上分勿切廣韻甫鳩又府鳩方久二切下五經

切集字古文本從以田縣

昒昒 上呼骨切說文尚冥也漢書郊祀志昒爽師古曰

昒者冥莫未明之時也亦作曶下莫佩切說文

目冥遠視也一曰久也丁甲曰明也

曶曶曶 上亦作曶昒字音義見前中說文作回出气也

从曰象气出形春秋傳曰鄭太子曶下呼骨切

渴澈 說文蕭也上說文盡也書秦誓中我何其人焉是

惶曰不足也人不容之惶曰不足彼傳下其人渴

曰以西羌亞人渴曰以西惡又用地域孀人凡
書經渴澤用為竭白渴於時借為乙乃渴之正義
同竭隸續則釋文偕衛之水旁作屬從以西飢渴
字下說文作欱歙也从欠渴聲字在欠部後說曰乙但
用渴字實前句二以渴西飢渴而以激西渴字古
古文但知其一不知其二矣

蘗蘖糱　上魚列切說文作㰅古文作櫱伐木餘也商書
曰若顛木之有甹㰅也今本作由枿　中魚列切說文牙米
也玉篇麴糱从米从辥辥从屮從訴从屮下悖尾

切說文黄木也从木从辟

白左

○舌𠯑

上食列切說文建言口舌寧从干从口俗从千作舌非錫舓字从此下古活切說文塞口也从口氒省聲隸變作上作舌話活括同𠯑字从此

切㔹

上千結切說文刌也从刀七聲廣韻割也刻也近也下盧則切說文材十人也从十力聲

鐵鉄

上他結切說文黑金也下直一切玉篇古文鐵字鈉也字也近字通用俗用為鐵字誤

姪侄

上徒結切說文兄之女也下之日切廣韻堅也牢也

句廉也從侈不亦也又隨至大傳以兩侈從徑以
為修字之誤

辥薛　私列切 上說文薛艸也 廣韻國名亦姓 下說文辠也（孟子曰……居州……）
經典辥通作薛　薛案辥旁从自 小从㠯 从自

洌冽　良薛切 說文洌水清也 易曰井洌寒泉 廣韻冽
寒也

舌

孽櫱　魚列切 上說文庶子也 廣韻有孽有櫱生也 下廣韻䄎櫱 說文衣服謠
謳草木之怪謂之䄎 禽獸蟲蝗之怪謂之蠥 亦通

定

作擊

滅滅 上亡列切，說文盡也，亡旬絕也。

刷㕞 註所劣切，上說文刮也，禮布刷巾，下說文拭也，从又持巾在尸下，亡通用無別。从刀㕞省聲

屮屮 並說文建首，上丑列切，艸木初生也，下同屮之左右，之左見辨原。

蒻蒻
蒻蒻 註而灼切，上說文蒲子可以爲平席，今俗若之〇泥之，變又蕠，下說文作箬，背笱舟皮曰箬也夭

作卻俗字

卻 郤 上去約切 說文節欲也 玉篇退也 不受也 从卩谷聲(?) 从谷 又作却 郤綺戟切 說文晉大夫叔虎邑也 上字从卩 下字从邑

九 厝 厝(?) 上 倉各切 說文厲石也 从厂昔聲 詩曰 它山之石可以爲厝 今詩小雅作錯 又七互切 下倉昔切(?) 玉篇 [illegible]也 理(?) 清河郡有厝縣(?) 从广 从昔

十 閣 閤(?) 上古洛切 說文所以止扉 爾雅 所以止扉謂之閣 縱曰(?) 樓 其某(?) 之閣 所以止扉 下 云 門旁戶 所附 又玉篇樓

閬 音郎 一曰度高也 來下古當切 說文 門高也 尔

雅釋宮 小閨謂之閤 漢書 文翁傳 高門之閬閎

師古曰 閬閎門中小門也 又其閎東閎閎者謂閣

此字互詳辨云

六 索 上 蘇各切 說文 艸有莖葉可作繩索 从宋从糸 下

由 切 說文作𦌪

八 鸛 鶴 隺 下 各切 說文 鳴九皋聲聞于天 中 音歷切

尔雅釋鳥 鵅 山鵲 郭注 長尾赤嘴 山鵲一名鶴之

從隹 山雞 下胡沃切 說文 高至也 从隹上欲出冂

易曰夫易聖人之所以極深而研幾作硯從石礪者為研字

音女誤

四 鑿糳 注在各切廣韻ㄧ精也細米説文米一斛舂為九斗曰ㄧ九章算術粟五十ㄧ二十四言粟五斗為米二斗四升

又説文穿木也从金糳省聲卯中曰ㄧ故以穿木ㄧ之數

一 縛縳 上符钁切説文束也下持兗切讀若篆本作縳 説文白鮮色也又

周禮內司服注白縳也

十一年以幣錦二兩縳一如瑱注縳卷也急卷使如充耳又吉禮切言縉用衣內司服注素沙者今之白縳也六服皆袍制以白縳為裏使之張顯

音

年

礼醴礼記坊〻丝而〻〻〻〻傳也釋文傳本亦作醴以
為〻正借字

二

託托 註 宅各切 上 說文寄也或作侂自矣亦作侂如下
同拓說文拾也陳宋語言自手承物也

三

擇蘀 註 宅各切 上 玉篇籜竹皮也謝詩初篁苞籜蘀下說
文艸木凡皮葉落陊地為蘀詩曰十月隕蘀又鄭
風蘀兮〻〻風其吹女傳曰蘀槁也二字之多不

辭

七

涸凅 上 下各切 說文渴也廣韻水竭也 下 古暮切 玉篇

冰也閉也

● 貉貘注

本作龠。籥

龠以灼切，上音藥，樂器，似笛而短，釋器注：如笛三孔而短小。廣雅七孔，詩傳六孔，其說不同。作玉篇

省文作亦通。玉釋作ㄅ，省文作即是

說文書傳竹管也

貉貘

貉莫白切，上說文北方豸種，孔子曰貉之爲言惡

也。經史俱用爲貉字。貃貉之貉，說文作貊，从豸

从舟下，說文似錯而實異，貃(?)字中作貊(?)

貊字

伯佰 上旁陌切 說文長也 廣韵文從伯 下莫白切 說文

相什伯也 廣韵一百爲一佰 漢書食貨志仟佰之

閒注仟佰千錢百錢之面 通作陌 說文無陌字

颯[illegible]颮 上音遲切 廣韵[illegible]颮 漢書司馬相如傳 後乙字注乙音

與劉向文選注張揖云 又說文其遲切相距颮也 嘉疾而飄之中 [illegible]切颮乙

音布氣氏字訓云音陌 東西館里有亢仇佛不識

本是何地 及檢字林韻集 乃知亢仇旧是颮音

廣上文

澤澤 上丈伯切 [illegible]之釋也 說文光潤也 上從[illegible]

䏲

切韻切文字之注釋

脈䀎語并狼切上說文作衇血理之分衺行體者

或脈從血脈分又作脈周禮曰以鹹養脈釋名脈

幕也幕絡一體也下說文目衺視也古詩䀎䀎不

目亦訛作脈

䀎䀎皆古䁂字說文無䀎字也 [illegible]

學上胡覺切俗作斈非也亦省作學

又大按孟子 [illegible]

也亦省學字如文學仍作斈意

雞

雞上古奚切說文鳥名也日周禮

之一雞若凡人物皆是雞

曰丨釋文音普曰丨下都厚切玉篇脂音陽吉切
楷傳於是作丨

筴莢上楚革切下箕筴也似乳士針乳筆人持丨下古協切說文艸實持王皇甫謐丨丨周禮地官大司徒其植物宜莢物注云即今人謂之皂莢是也又蓂莢之附階生稿莢爭本

戹厄上於革切說文隘也从户乙聲下五果切說文科【儀上戹】厄木節也从卪厂聲字左从户卪部似以為戹字俗誤曰以科
戹之厄而困厄世所由用如是者

腊腊　上思積切說文作昔乾肉也經典通作腊从肉字

睪睪　上羊益切說文伺視也（从横目从卒）今吏將目捕罪人也玉篇睪之生也哥也好也又引也繹也下古勞切皋字

說文引易天隋高墨其墉川也也[illegible]臺字鼓一也

擇見

奡奡　上五到切說文奡大也論曰奡之昊山（在夰部）（在亢部）

（之文亦）大同　下說文閔蒙也讀若回不有恃吳者乎攸

丗（皆在卄部）二字似是不雜

釋釋　上施隻切說文釋漬也釋漬米也今通作釋廣釋

卷

古用

薙䪼 上薙 他計切 說文笑也从大从竹 ……

下䪼 他切 說文目……也又許救切 周禮有……

䄢䄠 上常隻切 說文宗廟主一曰大夫以石為主 下它……說文示祀也 ……為開示……也 周禮有部字一言

庳䕷 ……上 說文……也 ……下 說文……也 循陸曰……曰庳

尔正釋詁大也 詩節南山……傳云大也

鍚錫 上先擊切 說文銀鉛之間……曰……而……也

玉篇……也 下與章切……云……上

曰丨刻手飾之右傳丨寫和於照其弟北注丨奉

歆也之

晳晳晳 上先擊切說文人色白也周礼地官大司徒墳衍其民晳宜麋从析从白中田黎切明辨也从析从日下旨逝切說文

作昕晣明也礼曰晣明行事又征例切星光也

詩陳風明星晢晢从折从日

滴滴 上丁歷切說文水注也下丁革切水名又到子力

帝嚳聲之笄之美目丨丨注滴達回滴

翟萑藋 上徒歷切詩衛風丨丨竹竿傳云丨丨長而殺也又徒歷切義同

下徒再切說文藋艸也莊子徐無鬼篇藜藋柱乎
鼪鼬之徑亦作藋艸部蒴藋注蒴藋亦似藜

惕愓 上它歷切說文敬也又怵惕憂也又變也（應句）下徒朗
切說文放也荀子榮辱篇愓悍憍暴

鼏冪 莫狄切玉篇鼏鼎蓋亦為冪覆食巾文一鼏如
人頁矣

闃闅 上苦鶪切說文靜也玉篇等書易闃其戶闃其無
人寂小視也又大睒目也亦作小視之瞁大睒目
二而見人也莊子周具字下無分切說文低目

湝清 此古是切語未了也
從水專篇作鼠人
立從一也為書表
財讀之為從之瓶或
作清亂者皆凡有清者
不從今作讀曰一一語之
回轉之也從清亦無矣

視也弘農湖縣有閿鄉 此乃西年有卜字 字左旻 郭旻火

閿亦同俗作闅 寒泉書志子謂閿鄉書為曰閿

古閿字本從門從目文 達安中段作間 取古曰闅耒

從門從旻 其説甚精 而中字 草書從刻 説文閿鄉

知書法其誤

入去聲

旻 𥄎

上 若贈切 説文 犬視皃 亦省 亦然 不誤 唐音學而

下 希穀切 説文 凡气之溲不

敕 敕 勑

上 恥力切 説文作敕 戒也 重也 一敕 从攴束 从力者非 猶石敕飭和母書 字飭子類履 惧也

天子常書曰 敕 中 楚革切 説文作 敇 擊馬也 从攴

从朿勑篇通作策下從代勑說文勞也从力來之
字相溷已久當改正

㝵得　上䟽叓切說文取也所得也應爲得失下玉篇亦
也一曰不見何以爲得字之文

涅湼　上若の切說文黑土在水中也从水一從灰而聚而有
土所以涅也下從今切說文無見車部東部路の
海印盡子深沙之湼益湼乃涅來字也何以爲說
涅字後

執埶　上之の切捕也下魚祭切種也字　從丸作執捕罪人也應作執　从丮从㚔
埶音同說文種也又才蓺亦作藝俗作
薦又以埶切說文[illegible]

慹　上之の切說文懾也應作慹又莊子田子方篇

熱若翻飛人手焉危注熱不動兒又失氣也服也

俗從壹生悖傳寫譌想服與熱同下如列切音熱

玉篇 情態二字並自上字从執下字从埶

荳荳 注力之切上說文從辛拗也六句而豈下揭子方之

胭也注里閩閫也孟子陀之其莖又其言也艸名

情之白莖蔗葰也集韻作臣白芷

畣荅苔 注都合切上亦見畣畣然也情見注畣多合反

今作答共之中亦有省也又厚重之兒下說文小

未也但多闇而為之

文

字

獵獵 上良涉切 說文 放獵逐禽也 廣韻 取獸也 白虎通

曰四時之田總名爲獵 爲田除害也 下古昌切 玉

篇 獦狚獸 亦曰戎姓 不從巛爲田獵之獵非

萐箑 所洽切 上 說文 萐莆 瑞艸也 堯時生于庖廚扇

暑而涼 下 說文 扇也

帖怗 他叶切 上 說文 帛書署也 廣韻 券帖 又安帖字

也 下 玉篇 服也 靜也 又華嚴經音義 四年 怗 以爲 戌

王者之事也 從心而怗字亦作帖

協協 胡頰切 上 說文 同心之和 从劦从心 下 衆之同和

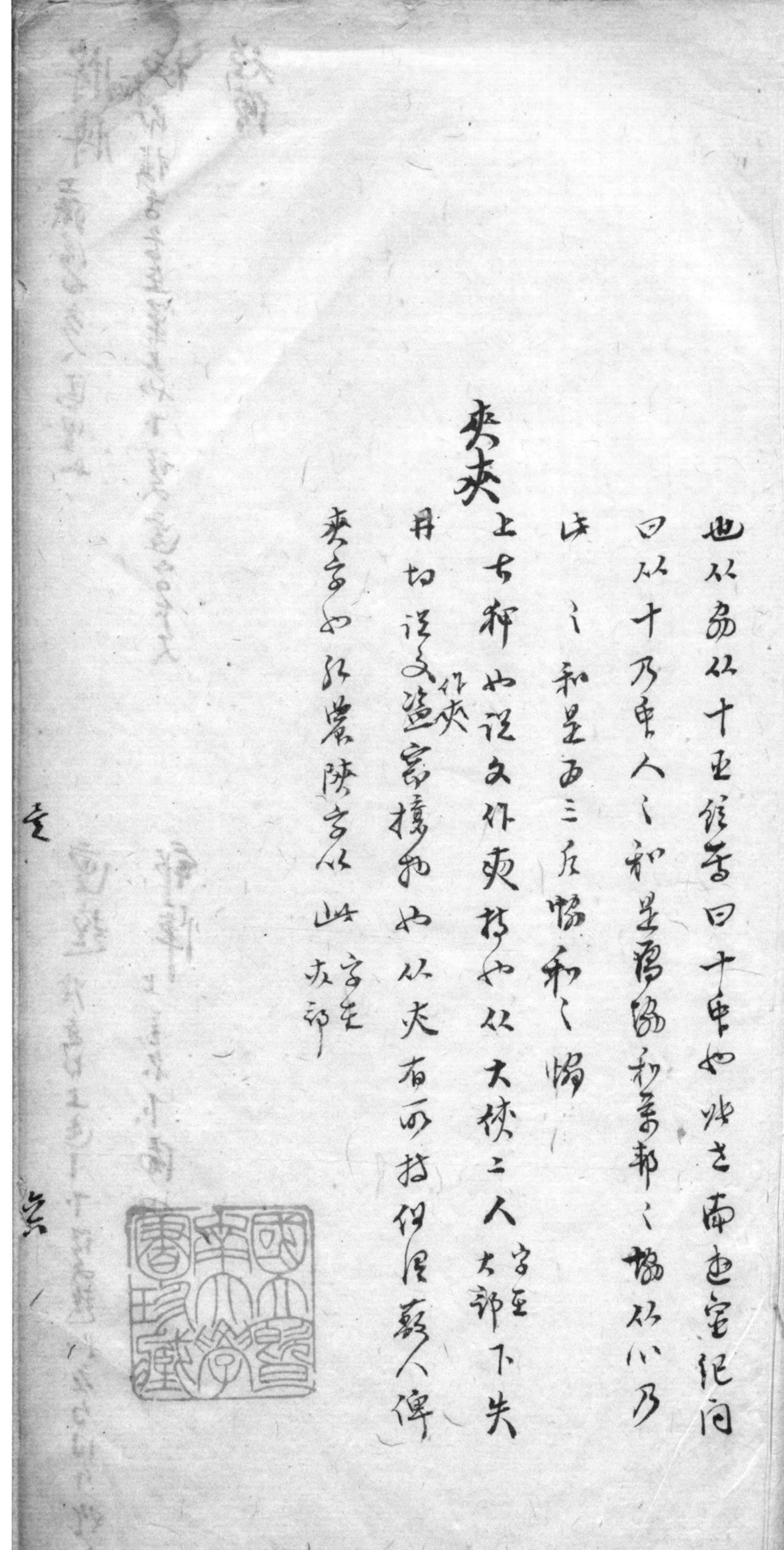

也从劦从十丑結書曰十串也此之南通室紀同曰从十乃串人之和是謂協和萬邦之協从八乃協之和是西三反協和之協

夾夾

上古狎切說文作夾持也从大俠二人字在大部下失冄切說文作夾盜竊懷物也从大有所持俗謂蔽人俾夾字也弘農陝字从此字在亦部

膊 膊 上藏從甫，亦人髆骨也

栖 栖 即棲字，象鳥在巢上也。下誤叉，遷字之文

禮 禮

遭 趨 從辵，古上速，下誤趨也，亦與同，非也

鄣 障 上邑名，下隔也